料理
台所
食卓
食
市場
飲
菓子
辛料

食べもの記

森《もり》枝《えだ》卓《たか》士《し》

福音館書店

BDM 1450 KG

NEWTON NO 29

さあ、食べよう。

はじめに

森枝卓士《もりえだたかし》

大学を出たばかりの若《わか》いころ、タイとカンボジアの国境《こっきょう》で、戦争の写真を撮《と》っていました。

人間が生きているということはどういうことなのか。死ぬとはどういうことなのか。人間が生きていくために作り上げた、政治《せいじ》や経済《けいざい》とはどういうものなのか。

生きていく上での、そういったさまざまな疑問《ぎもん》が、もっとも激《はげ》しく鋭《するど》い形で現《あら》われている戦争という場に身を置き、考えてみたいと思ったからです。まあ、大昔《おおむかし》の話ですし、思い出はきれいなものになってしまうので、本当のところは、怖《こわ》いもの見たさ、スリリングな体験《たいけん》をしてみたい、というようなこともあったかもしれません。

文字通り、自分の命も危険《きけん》にさらすような日々《ひび》の中、もっとも印象《いんしょう》強く残っていることが、戦争という特殊《とくしゅ》な状況《じょうきょう》にあっても、人には日常《にちじょう》の暮《く》らしがあるということでした。

ゲリラ兵たちは、国境近くに基地《きち》を作ると、すぐに畑を開いて、野菜を作っていました。

もっと戦場に近い森の中の基地に行くと、米の麺《めん》を作っていました。粉《こな》にした米を水でこね、じょうろの頭のように穴《あな》を開けた木の器《うつわ》から、ところてんを押《お》し出すようにして、熱湯の大鍋《おおなべ》に落とし、ゆでて作ります。その麺を持って戦いに行くのです。

戦火を逃《のが》れて国境を越《こ》えてきた人びと（難民《なんみん》）は、ほとんど着の身着のままという姿《すがた》でしたが、それでも鍋だけは持っていました。援助《えんじょ》でもらった米や野菜を、

それで煮炊《にた》きしていたのです。人は鍋ひとつで生きていけるのだ……。

戦争取材の日々はまた、屋台で食べ続けるという日々でもありました。

その当時でもバンコクのような都会では、日本料理だって、本格的な中華《ちゅうか》料理や洋食だって食べることができました。しかし、戦争の取材のために住み込《こ》んでいた国境の田舎町《いなかまち》には、屋台くらいしか食べるところがありませんでした。

ですから、最初はそれしかなくてしょうがなく食べていたのですが、食べ続けるうちに、その料理のおいしさがわかるようになりました。当時の日本では東南

アジアの料理など、ほとんど紹介《しょうかい》されていませんでしたから、「どうして、こんなにおいしいものを知らなかったのだろう」と思ったものでした。

そして、戦争とは、政治とは、と偉《えら》そうなことをいいながら、私はその土地の人たちがどういうものを食べているのかさえ知らない、という事実に気づきました。

どんな植物を育て、どんな動物を飼《か》い、あるいは捕《つか》まえて食べるか。どのような調味料を使って、どのように加工するか。それは、それぞれに異《こと》なる気候《きこう》風土、環境《かんきょう》のもとで暮らす人びとが、取捨選択《しゅしゃせんたく》して作り上げた「食の文化」といえるものです。

そのような基本的なことからちゃんと知らなくては、と思ったのです。根が食いしん坊《ぼう》だったので、見知らぬ料理を食べてみたいという思いもありましたけれど。

それから二十年。世界中の市場を歩き、家庭におじゃまし、そこの家族といっしょに食事をごちそうになる。あるいは、田畑を見て歩き、牧場や工場を訪《たず》ねる。そんなことを繰《く》り返してきました。

そして、たくさんの本を作ってきましたが、今までに撮った写真を集大成して、見直し、改めて「食べるということ」を考えてみたいと思い立ちました。そうしてできあがったのがこの本です。

この本には、二十年以上前の写真から、つい最近撮ったものまでふくまれています。そして、ここに登場した食べものは、写真に撮るだけでなく、ほとんど食べました。おいしくて笑《わら》いがこぼれるものもあれば、めずらしい味にうなったこともあります。どうしてこんなものを、土地の人たちはおいしそうに食べるのだろうと不思議に思えたものもありました。でも、たいていのものは、慣《な》れてその土地の感覚がわかるようになれば、それなりにおいしく食べられるものでした。

「世界にはいろいろな料理があるのだなあ」とか、「えっ、こんなものを食べるの」とか、いろいろな感想を持たれると思いますが、食を考え続け、食べ続けた私からひとつだけいっておきたいのは、食の文化においては、「違い」はあっても、「上下」はないということです。慣れないから、わからないからおいしいと感じられないということはあっても、だからといって、そこの食文化が遅れているということではないということです。

さまざまな土地でさまざまな人たちが、その土地に合った食材で料理を作り上げてきたのです。その多様な食の文化の豊かさ、そして文化の違いを実感していただきたいというのが、「食」にはまり込んでしまった著者《ちょしゃ》の願いです。

偏見《へんけん》を持たず、違う文化に心を開けば、もっともっと面白い世界が広がっていることを、子どもたちをはじめ、すべての方に感じていただけたらと思っています。

食べもの記●目次

Levi's

米

収穫《しゅうかく》した米を脱穀《だっこく》する。米がこぼれないように工夫された竹かごの中には石臼《いしうす》がある。ミャンマー

大昔《おおむかし》、人は木の実を集めたり、動物や魚などを取って食べていた。しかし、そういう生活では、食べものが集まらず、餓《う》えてしまう時もある。そこで、保存《ほぞん》がきく食べものを自分たちで育てるという工夫が生まれた。それが農業だ。特に長く保存《ほぞん》することができる穀物《こくもつ》を育てることができるようになって、人の暮《く》らしは大きく変わった。「くに」や文明が生まれた。その穀物《こくもつ》の代表が米。今も日本もふくめたアジアの多くの地域《ちいき》で、米を中心にした食の世界がある。

米を作る

稲《いね》は中国の南で自然に生えていた草だった。それが食べられることに気づいた人びとは、自分たちで育てるようになった。稲を育てるのにはたっぷりの水と太陽の光が必要だ。おいしいお米をたくさん作ろうと、いろいろな土地で工夫がされた。今でも、昔《むかし》ながらの作り方をしているところがあり、機械で大規模《だいきぼ》に作るところもある。

フィリピン・ルソン島、バナウエの棚田《たなだ》。二千年前からずっと、「耕して天にいたる」米作りがされてきた。この上には水を蓄える森がある。

山岳部では陸稲（おかぼ）が作られる。タイ

碁盤の目のように水田が広がる、日本の水田地帯。秋田県

機械化された広大なアメリカの水田。ルイジアナ州

田植え、草取りと人手がいる。ベトナム

熱帯アジアでは水牛を使って土地を耕す。

灌漑《かんがい》のシステムを作り上げることが米作りの基本。ベトナム北部

牛を歩かせ、脱穀。道路に稲を広げて、通る車にふませ、脱穀するところもある。ミャンマー

収穫

一面の緑だった水田が、黄金色にそまる。収穫《しゅうかく》の時期は、アジアの農村がいちばん美しい時期でもある。年中暖《あたた》かく、水も十分にあるところだったら、それは年に二度、三度とやって来る。収穫の仕方や、その後の脱穀《だっこく》も、それぞれの土地で、いろいろな方法がある。人の力や家畜《かちく》を使った伝統的《でんとうてき》な方法だったり、新しく機械が使われるようになっていたりする。お米はアジアだったら、だいたい専門《せんもん》の店で売られているが、ヨーロッパなどでは、ほかの穀物《こくもつ》といっしょに売られる。店を見れば、その国でお米がどれだけ重要かがわかる。

島中、いたるところに水田が開かれているインドネシア・ジャワ島。だから、こんな光景もあちこちで。

緑の水田を背に黄金色の収穫という熱帯。ジャワ島

アジアでも機械化が進んでいた。中央タイ

この状態で精米所に運ばれる。カンボジア

小石などが混じっていないか探す。ミャンマー

船で集めて、運ぶ。ベトナムのメコンデルタで。

米をついて粉に。タイ、ミャンマー国境

脱穀もこの臼で。フィリピン

昔使っていた脱穀道具。ボルネオ島

小石やゴミを除いて炊く。ボルネオ島

米の質や種類で値段が違うのは日本と同じ。

アジアでは米を売るのは専門の店。市場の中の店もそれは同じだった。

「米は主食」ということを主張しているような店。

袋づめではなく、量り売りがアジアのどこでもふつう。

ミャンマーの「黄金の三角地帯」、シャン州の市場で。

赤米や黒米といった種類もある。

昔の米屋はこのようなものだったか。金沢

米を食べる

お米の種類は大きく分けて、インディカ（長粒種《ちょうりゅうしゅ》）とジャポニカ（短粒種）の二つ。それぞれにもち米とうるち米がある。もち米はふつう蒸《む》し上げる。うるち米でもパサパサのインディカは、炊《た》いている湯を途中《とちゅう》ですてる湯取り法という方法がふつう。米が主食のところでは、そのまま炊くが、主食としていないところでは炒《いた》め煮《に》したりすることが多い。

もち米は蒸して食べられることが多い。東北タイ

竹をあんだ容器がラオス式のもち米用蒸し器。

ふつうの米、うるち米を蒸す方法もある。タイ

不思議な色のついたご飯はマレーシアで見つけた。

たっぷりの湯でゆで、途中で湯をすてる湯取り法。

このようにして湯をすてる。アジアの多くの国で。

仏教のお坊さんの托鉢《たくはつ》。ご飯をささげる。タイ

もち米を甘くしてお菓子のように食べる。雲南

パエリアの大鍋には専用のガスコンロ。アルゼンチン

大量のご飯を少しのおかずで食べるアジア式。

パエリアはスペインの代表的な米料理だ。

焼いた肉を売る店では、蒸したもち米もいっしょに売っていた。もち米は東北タイからラオスの主食だ。

積み上げてあるのはどれも米から作られたもの。粉を水で溶いて蒸し、乾燥させたもの。ベトナム

赤い米で作られた赤飯。中国・雲南省・西双版納《シーサーパンナ》

台湾で見つけた寿司の屋台。寿司は世界に広がる。

お米をミルクで煮た甘いお菓子。スペインで

ミャンマーの市場では、ご飯ものも多かった。

オーストラリアでも寿司は今や、めずらしくない。

米料理

米はそのまま炊《た》いて食べられるだけでなく、姿《すがた》を変えても食べられている。米を粉《こな》にして水でのばして蒸《む》し上げれば、ベトナムなどで食べられている春巻《はるま》きの皮になり、それを細く切れば麺《めん》にもなる。ビーフンも米から作られたものだ。国によって米は野菜のように食べられているし、おかゆや炒飯《チャーハン》、ピラフは多くの種類がある。もち米は赤飯にも餅《もち》にもなる。

ビーフンは米を粉にして水にひたし、小さい穴から押し出して麺状にして蒸し、乾燥させたもの。台湾の新竹名物。

もち米の粉から蒸し餅を作る。台湾

チマキはアジア各地にある。

竹筒にもち米を入れ加熱した、甘い菓子。中国・雲南

蒸した餅。紅白があるのは日本と同じ。ミャンマーの田舎

米の春巻きの皮を乾燥。ベトナム

巻き寿司は韓国でもふつうにある。でも、酢飯ではない。ゴマがかけてある。

回転寿司も今や世界中にある。南アフリカ・ケープタウン

米の入ったサラダ。米は野菜？　イタリア

米と魚介のペルーの料理。パエリアの仲間か。

たっぷりとご飯を食べるために、おかずがある、というのがアジアの食事の基本。フィリピンでもそれは同じ。

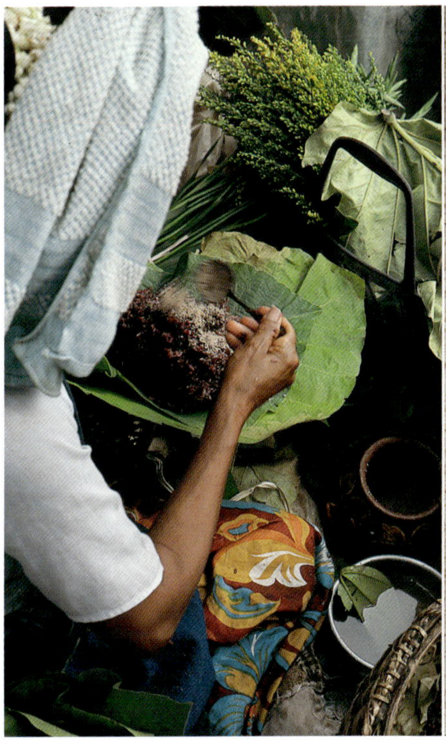

お赤飯のようなものは特にミャンマーで見た。

タイの屋台にあったご飯料理を集めてみた。米の麺から炒飯まで。

蒸し鶏と鶏のスープで炊いたご飯。中国・海南島式。

肉や内臓、魚介のスープにご飯を入れて食べる料理は韓国にいっぱいある。すごく辛い。

ご飯のおこげを具やあんと食べるのは中国式。

これも上と同様のもの。赤黒いかたまりは血だ。

雷おこしそっくりなものもミャンマーで見つけた。

韓国の名物ビビンパは、ご飯の上にたっぷりの野菜。

ビビンパはいやになるくらい混ぜて食べる。

鶏の中にもち米をつめて煮た、韓国のサムゲタン。

パエリアにも種類が。これはイカスミを入れたもの。

ご飯に味噌などぬって焼く五平餅《ごへいもち》の類は日本各地に。

酢のかわりに甘い酒を使った寿司。鹿児島

粘りけのある日本の米だからできた料理がおにぎり。

ブドウの葉の中にはご飯とひき肉。地中海の名物。

具入りおかゆ。米つぶがないほど煮たものも。タイ

肉団子が具のおかゆ。好みで味つけ。タイ

炒飯もアジア各地に。これはタイのカオパッド。

米の粉で作った「お好み焼き」。ベトナム

これをアジアではチキンライスという。タイ

パイナップルを容器にした炒飯。タイや香港にも。

スペイン植民地だったフィリピンにはパエリアも。

リゾットのような料理は南欧各地に。ポルトガル

ご飯をポテトのようにつけ合わせる。各地にある。

ベトナム名物の米の皮の春巻き・チャージョー。

生のまま食べる春巻き・ゴイクオン。

麦

ネパール、ヒマラヤの山やまにつながるあたりの段《だん》だん畑では、エン麦や大麦が作られていた。

米以上に世界中で主食として食べられているのが、麦、特《とく》に小麦だ。メソポタミア（西南アジア、今のイラクのあたり）で野生のものを栽《さい》培《ばい》するようになり、それが世界中に広がった。米ほど暖《あたた》かい土地である必要はなく、水も多くは必要としないために、米が栽培できないような土地でも作ることができる。小麦を中心に、大麦、エン麦、ライ麦なども主食として食べられている。日本はこれらをひとまとめに「麦」として扱《あつか》うが、欧米などでは別べつの穀物《こくもつ》に分けている。

アルゼンチンの大平原を空から見ると、大きく区切られた土地は、牧場と小麦の畑が続いていた。

麦を作る

エジプトの遺跡《いせき》や博物館を訪《たず》ねると、どれだけ昔《むかし》から人間が麦を作って暮《く》らしてきたかがわかる。何千年も前から牛など家畜《かちく》を使って畑を耕《たがや》し、小麦を作っていたことが、残された絵や彫刻《ちょうこく》などで知ることができる。そもそも、家畜を飼《か》うこと自体、野生の小麦を食べに来ていた動物を捕《つか》まえ、飼育《しいく》することからはじまった。つまり、小麦を栽培《さいばい》するようになることとセットであったと考えられている。小麦には固い皮があり、それを取り除《のぞ》く作業が必要となる。そのために、風車や水車を使うなど、さまざまな工夫もされた。

墓にミイラといっしょに入れてあった人形。小麦を粉にする作業をしている。エジプト・カイロの博物館。

エジプト・ルクソールの貴族の墓の中には、小麦を作るために家畜が畑を耕す、数千年前の暮らしを示す絵が、壁全体に描かれている。今と同じだ。

ヒマラヤ中腹をヘリコプターから見ると、山の斜面を長い時間かけて、耕地に変えてきた様子がよくわかる。雨量が少なく米は作れないため、麦の類が多い。

家畜を使う農業は今もある。スペイン

麦作りでは機械化が進む。アメリカが代表だが、ここスペインでも。

大量の小麦を粉にする工夫のひとつが風車。オランダ

修理のために羽根が取り外された。風車の巨大さがわかる。

水車で動く石臼。ヒマラヤ

パンを作る

パンといえば、どうしても、食パンやフランスパン（バケット）のようなヨーロッパのパンを思ってしまう。だが、もともとパンは中東にはじまったもの。私たちにあまりなじみのないようなパンもたくさんある。エジプトのものなど、半分に割《わ》ると中はからっぽで、こういうパンもあるのかと思ったほどだ。ヨーロッパのパンにもまだまだ日本では知られていないものも少なくない。小麦だけでなく、ライ麦などで作ったパンや、おかゆのようにして食べるものもあった。

パンを作っているところ。後ろに見えるのがカマド。まんじゅうに似たタネを焼くと中は空洞。エジプト

エジプト・ルクソールの市場のパン屋。奥にカマド。

これがエジプトのパン。中に具をはさんで食べる。

これもパン。イタリア・シチリアでピクニックに。

ヨーロッパでは、食事用のパンと菓子のようなパンをいっしょに売るところが多い。スペイン

フランスの田舎の市で。サンドイッチにして売る。

ドラム缶で作ったカマド。チリのサンチャゴ郊外。

ピザといっしょにパンも焼く。アルゼンチン

スープにパンを入れるとまるでパンがゆ。ポルトガル

パン屋

小麦は外の皮を取り除《のぞ》くと、中はすぐにくずれて粉《こな》になる。米がつぶのまま食べられることが多いのに対して、小麦は粉にして水を加え、焼いたり、蒸《む》したり、揚《あ》げたりという調理法がとられる。そうして作られるようになったものの代表がパンだ。それは、小麦の栽培《さいばい》の技術《ぎじゅつ》と共に世界に広まったが、特にヨーロッパで発展《はってん》し、さまざまなものが作られるようになった。アジアの多くの国に米だけを売る店があるように、ヨーロッパではパン専門《せんもん》の店が多くある。それが日本などアジアの国にも伝わった。

世界中から多くの民族が移り住むオーストラリアでは、パン屋にもさまざまなパンが。

イタリアのパン屋では、パンといっしょにさまざまなパスタが売られていたが、使われる小麦は種類が違う。また、パスタはパンのような主食ではない。

フランスの植民地だった影響で、カンボジア・ベトナム・ラオスでは、このような店でもフランスパンが売られている。他のアジアでは見ない。カンボジア

フランスはパンもおいしいところ。特にクロワッサンはフランスならでは。

子どもたちがフランスパンを売っていた。フランスパンが根づいている。

温かいシチューにケーキ。何でもありのアイルランドのパン屋。

パンの仲間

パンの仲間《なかま》を見ていくときりがない。インドにはカマドで焼いたもの、鉄板で焼いたもの、油で揚《あ》げたもの、蒸《む》したものなどいろいろとあるし、イタリアではじまったピザもパンの仲間だ。フランスではじまったクレープだってそうだし、中国のシュウマイ、ギョウザ、あるいはまんじゅう、そして日本のたこ焼きやお好《この》み焼きも、小麦粉《こ》から作るパンの仲間だ。

インドのパン・ナンを焼くカマドはたてに穴があいている。タンドリーチキンも同じカマドで焼く。

ナンはカマドの中でこのようにかべにくっつけて焼かれる。

バターを生地に混ぜたパイのようなものも。インド

ピザはうすいの、厚いの、いろいろとある。

鉄板で焼けば、チャパティ。揚げればプーリー。

焼いたり、揚げたりせず、蒸したものもインドにはあった。

ピザを食べさせる店では専用のカマドがキッチンに作られている。基本的にパンのそれと同じだ。

大阪名物たこ焼きも鉄板で焼くパンの仲間。小麦粉はゆるめ。

クレープには、クレープとギャレットの二種類ある。

オランダの食事には、パンケーキと料理がいっしょに登場した。

中国北部では小麦粉の食品が主食。うすく焼いたものでおかずを包む。

クレープは小麦粉で作りデザート、菓子として食べられ、ギャレットはそば粉で作り食事になる。

北京下町の屋台で焼かれていたピン。包んで食べる。

まんじゅうのように蒸して食べるものも。上海の路上で。

小龍包《しょうろんぽう》、シューマイなど麺以外にも中国は種類が豊富。

小舟がそのまま屋台。麺は温かいスープと麺をゆでる湯があれば、どこでも商売ができる。タイ

麺

小麦粉《こ》から作られるもうひとつの大事な食べものが麺《めん》だ。米で作られるものもあるし、日本のそばのようにそば粉から作られるものもあるが、もともとは二千年近く前の中国で、小麦粉から作られた。それは、今やアジアの多くの国に伝わり、日本のそうめん、うどん、そばなどのように、それぞれの国でユニークなものが作られている。

ベトナムも麺の種類の多いところ。これは中部の古都・フエのもの。

麺を作る

麺《めん》の作り方にはさまざまな方法があるが、もっともふつうに見かけるものが、小麦粉《こ》をこねて引きのばし、板状《いたじょう》にしたものを包丁で切るもの。ほかにも手で引きのばしていくものや、ところてんのように押《お》し出すものなどがある。なお、中国では「麺」は小麦粉の食品をいう。だから、ギョウザやまんじゅうは麺に入るが、そばやビーフンは麺に入らない。

チベット式麺ができるまで。①粉にする。

②水とこねてドウを作り、棒でのばす。

だんご汁は九州各地にあるが、手でこねてのばし麺状にするのは大分。

③切って野菜を煮ている鍋に入れる。

④しばらく煮込むとできあがり。

⑤味つけはニンニク、トウガラシと塩、野菜。

チベット人の主食は麺か麦を煎った麦こがし。

ゆがいて、きな粉をつけると菓子。だんご汁にすると食事。

麺をじょじょにのばし、細い糸のようにするそうめんの作り方も中国から日本に伝えられたもの。今も同じものが作られている。福建省・福州郊外

油をぬった鍋肌で水で溶いた粉を固め、中の湯に落とすと幅広麺。福建省

手で引っぱり二本が四本、四本が八本と糸のように細くしていく。北京の龍髭麺。

麺いろいろ

ミャンマーでお祭りの時に麺《めん》をふるまわれ、びっくりしたことがあった。どうして、屋台で食べられるふつうの食べものを出すのだろうと思ったのだ。ところが、それは米を毎日食べている人びとには特別《とくべつ》なごちそうだった。長い麺は長生きの印だということで、お祭りに麺を食べるところもある。毎日、主食として食べるところもある。

米から作ったもの、小麦粉から作ったものがあり、幅も色もいろいろとある。ミャンマー・ヤンゴンの屋台の「そば屋」。

そばの会席セット。江戸時代からそばきり、つまり麺状のそばも作られるようになった。盛岡

僧侶となった子どもにふるまわれたのはカレー麺。

スープは別にそえて、和える麺も香港には多くある。

緑豆から作る春雨も麺のように食べられている。台湾

お箸の世界と麺の世界はだいたい重なる。ベトナム

沖縄そばは小麦粉から作られる。福建省の影響。

熱いスープに食卓で麺と具を入れる雲南の麺。

米の麺にカレースープをかけるタイのカノムチン。

長崎チャンポンは福建省から伝わった。

韓国ではジャージャー麺がいちばん人気の中華麺。

台湾のあちこちにある牛肉麺。幅広のきしめんだ。

こんな幅広の麺も。具はハト。ベトナム

タイ式のラーメンは中国、潮州料理から変化した。

ライムのしぼり汁など入れて食べるベトナム式麺。

甘くて酸っぱくて辛いタイの焼きそば・パッタイ。

ひたすら甘いタイの揚げそば。辛い食事の合間に。

庭先でそうめんをゆで、昼食にしていた。福建省

そば屋

アジア中で、麺《めん》の店はもっとも気軽に食事ができるところだ。お湯さえわかせれば、麺をゆでることはできるからだろうか。屋台や家の軒下《のきした》を商売の場所にしているようなところも多い。日本でもそば屋は江戸時代、屋台からはじまっている。主食として麺を食べるところは量も多いが、おやつやスナックとして食べるところでは丼《どんぶり》が小さい。

麺の店ではどこでもすばやく大量に作れる工夫が。

具は好みのものを選んで。手前に見えるのはレバー。中国によくある麺を中心とした軽食の店。

これまで見たいちばん簡単な「屋台」。福建の冷たい麺。

ビュッフェのレストランでもカレー麺。タイ

アジア人は麺食いだ。麺の店には人が集まる。台湾

パスタ屋

アジア以外で麺《めん》がよく食べられるところの代表がイタリア。パスタの世界だ。これがイタリアで独自《どくじ》にできたものなのか、中国から伝わったものなのか、まだはっきりしない。乾燥《かんそう》させたものと生のものとがあり、地方によって、作られるものにも違《ちが》いがある。細いものから板状《いたじょう》のものまでさまざまな種類があり、毎日の食事に登場する。

ギターラという独特な手打ち麺。弦で切って麺に。

これがふつうスパゲティと呼ばれる太さのパスタ。

イカスミでからめたきしめんに似た手打ちパスタ。

肉のしっかりしたソース（ラグー）には太めの麺。

パスタは前菜と主菜の間というのがイタリア式。

イタリアでは毎日食べるものだから種類も豊富。

トマトは南イタリアに多く、北はこんなソースが。

レンコンではない。これもパスタの一種。

マカロニも太さなどいろいろとある。

炒めるのに必ず使われるのが、オリーブ油。

主食いろいろ

主食として食べられている穀物《こくもつ》といえば、米と小麦が圧倒的《あっとうてき》だが、それ以外にもある。麦と米をいっしょに炊《た》く麦飯は、日本で昔《むかし》よく食べられていたし、その他の雑穀を米のように炊いて食べていたところもあった。そばも昔、米のあまりできないところでは、そばがきなどにしてよく食べていた。ヨーロッパでもそばをクレープにして食べるところもある。ジャガイモ、サツマイモ、ヤムイモ、タロイモなども主食となる。中南米ではトウモロコシを主食にしているところも多い。主食となるものは保存《ほぞん》がきく。

雑穀の場合は、アジアの米屋とは違い、豆、イモ類などの食品をまとめて売っていることが多い。エジプト

小麦も粉でなく、つぶをひき割りしたクスクス。

米ではない、かゆ状の食べものはアフリカに多い。

サツマイモ、ジャガイモは中南米原産。アジアで伝統的に食べられたのはヤムイモ、タロイモなど。

すって水にさらし、アク抜きが必要なイモ類も多い。

サゴヤシのデンプン。東南アジアの島では主食。

ヨーロッパ、特にアイルランドなどは、ジャガイモもまた主食なのではないかと思われるくらい食べる。

日本でもイモが主食というところもあった。与那国島

ベニイモをすり下ろし、蒸すと右のようになる。

沖縄ではイモはさまざまに工夫して食べられている。

トウモロコシは中南米のかつての主食。チリ

さまざまな雑穀を合わせたアイヌの伝統食。

焼いて食べるバナナも主食だった。タイ

市場でゆでたイモを売っていた。ミャンマー

酒を飲まないイスラムの国では、甘い菓子はよけいに好まれているように思う。エジプト・カイロ

菓子

菓子《かし》がなくても生きていける。なくてもいいものだから、よけいに食べることの楽しみのために、世界中でさまざまなものが作られてきた。菓子は文化としての食べものといえる。ほとんどの菓子は甘《あま》い。甘いものを人間はおいしいと思う。だから、果物《くだもの》、はちみつ、そして砂糖《さとう》などを探《さが》し出し、工夫して取り込《こ》んできた。菓子はまた植物の結晶《けっしょう》でもある。ミルクや卵《たまご》以外、動物性《どうぶつせい》のものはほとんど用いられない。肉を食べるというごちそうとは別の形の楽しみが、菓子ともいえるだろう。

NESCAFE
TANG

菓子屋

夜になると全体にうす暗くなるカイロの街《まち》を歩いていて、ポッと一軒《けん》だけ明るくオアシスのように見えるところがあった。それが、前のページの菓子《かし》の店だった。ヨーロッパでもアジアでもいちばん色鮮《あざ》やかで、目に飛び込《こ》んでくる店が菓子屋だ。菓子は食べなければならないものではない。だからこそ、店を目立たせ「あっ、食べてみたい」と思わせるものがないといけないのではないかと、光に吸《す》い寄《よ》せられる虫のように、その店の前に立ちながら、そんなことを考えた。

菓子の店は季節を告げる。粉を自由な形にできる菓子だからこそ、好きなものを作ることができる。ドイツ

東南アジア、特にタイ・カンボジア・ベトナムあたりでは、ココナツミルクを用いた汁っぽい菓子が多くあり、市場でもカラフルでよく目立つ。

昔、日本にもあったような菓子屋。クッキーなどを売っていた。インド

インド独特の菓子の店。ミルクと砂糖がたっぷりで、すごく甘い。

市場の中にあった菓子の店。こちらは駄菓子屋の雰囲気だった。ベトナム

タイの市場の菓子屋。紙のお皿にのった菓子をそのまま買っていく。

伝統的な菓子専門と、スナック菓子の店とに分かれる。カンボジア

汁ものにたっぷりと氷を入れ、冷たくして食べる。カンボジア

常温保存が可能な菓子は棚に。ケーキのような生菓子は冷蔵庫のケースに。スペイン・バスク地方

菓子の店のショーウインドウはどこも食欲をそそる。

ヨーロッパでも市場に菓子の店は必ずあった。

こんなにたくさん、売れるのかしらと心配になるほどの量。キャンディなどだ。イタリア・シチリア

ショーウインドウを飾るのは、チョコレート（それも高級な）やケーキの類。大人向けの菓子屋。

デコレーションケーキも各国にあった。

日本の店とそっくりなのが韓国だ。売っているものも同じだったりする。

日本には昔、こんな菓子の店がいっぱいあった。

自宅で作って市場に売りに。カンボジア

市場の中で、その場で作って売る菓子もあった。蒸したら固まる菓子だ。カンボジア

店の前で焼いて売っていたせんべい屋。浅草

おだんごを店の前で焼く。甘くなくてもお菓子？

大判焼きそっくりのものは韓国・ソウルの街で。

菓子いろいろ

菓子《かし》のはじまりは果物《くだもの》。日本では昔《むかし》、果物のことを水菓子とも呼《よ》んだ。甘《あま》さは人間に本能《ほんのう》的に好《この》まれるから、そのまま食べたり、乾燥《かんそう》させて長持ちするようにした。やがて、はちみつや砂糖《さとう》を使うようになり、それがパンなどと結びつくことでケーキのようなものもできあがっていった。そして、今の菓子の世界がある。

地中海沿岸の乾燥した地域では、干した果物がたくさん売られている。菓子の原型。

どこの国でも子どもたちは菓子が好き。アイルランド

果物をシロップにつけたものも各地に。

パンにはちみつや砂糖、果物を加えて菓子に……。

肉などのごちそうとともに菓子も仏様にお供え。タイ

市場では量り売り、スーパーではパックに。

いかにも甘そうな菓子。やっぱり甘い。ベトナム

虫のチョコはプレゼント用。虫は春の印。ドイツ

アジアでよく見かける光景。菓子の仕入れだ。

ワタアメは日本だけじゃなかった。エジプト

ココナツミルクと米粉と砂糖がアジアの菓子。

寿司かと思ったらアメ。味はやっぱりアメ。日本

美しい夕日で有名なマニラ湾。夕暮れのお散歩にはアイスクリームがおとも。

日本の菓子のルーツは中国。北京の店に並ぶ菓子。

ココナツミルクと砂糖と卵のプディング。タイ

中国、北京の菓子屋にあったもの、あれこれ。

菓子はどれも彩りが豊か。遊びの食べものだから？

野菜

人間の食べるものの幅《はば》は広い。その祖先《そせん》のサルのような段階《だんかい》から、さまざまなものを食べてきた。草やその根っこ、木の実なども工夫して食べてきた。自分たちで育てて食べるようにしたのが野菜だ。世界中のほとんどの場所で、主食の穀物《こくもつ》や肉、魚介類《ぎょかいるい》の脇役《わきやく》として食べられている。キャベツやタマネギなどのように世界で広く食べられているものや、ハスやゴボウのように日本や一部の国だけで食べられているものもある。野菜も文化だ。

北海道・阿寒湖畔《あかんこはん》で山菜を採《と》る。「半分は来年のために残すのよ」とアイヌのおばあちゃん。

国によって、市場でのものの置き方が違《ちが》う。ベトナムは色鮮《いろあざ》やかできれいな国のひとつ。

野菜を作る

山野に自生していて、食べられるものを山菜と呼《よ》び、人間が栽培《さいばい》したものを野菜と呼ぶ。ただ、春の七草のスズナはカブだし、スズシロはダイコンであることからもわかるように、それほど厳格《げんかく》な区別ではない。というより、食べられる草をじょじょに栽培するようになった歴史を物語っている。その栽培にも、さまざまな形があり、種類がある。

かつては沼に自生していたものを採取していたジュンサイも、今は田んぼで栽培される。

水草と土で作った浮き畑。ミャンマー

収穫物はそのまま市場で売る。ベトナム

川のふちの草原で何をとっているのかと思ったら、空芯菜《くうしんさい》の畑だった。アジア中で野菜炒めなどにされる。

無農薬有機栽培の畑。オーストラリア

野菜の収穫は機械化となじまないのか一個ずつ手で。フランス・ブルターニュ

温室での野菜作りもめずらしくない。季節と無関係な野菜もふつうに出回る。

青物野菜は大都市近郊で作られるものだったが、輸送の発達でどこでも。鳥取

海草を食べるところも少なくない。フィリピン・サンボアンガの海

農家の近くに小さく区切られた畑は自家消費用。インド・ジャイプール

八百屋

菓子屋《かしや》と同じように、八百屋《やおや》もカラフルな色合いで目立つところだ。緑を中心にさまざまな色合いが並《なら》んでいるのを見ると、ほっとする。自然に生えている植物の中から、よくもこれだけ食べられるものを探《さが》し出し、育て上げてきたものだと思う。国により売られている野菜の違《ちが》いを見て歩くのも楽しい。

どこでも店は道にはみ出すもの？　フランス・ブルターニュ地方

壁の絵も店の一部？　エジプト・ルクソールの市場

同じ市場に上のような店があるかと思えば、こんな店も。

トウガラシなどは乾燥させるためにぶら下げる。スペイン

こんなにたくさん、買う人がいるのかといつも思うけど。台湾

オリーブ専門の店もあった。それだけ売れているのだ。イタリア・シチリア島の市場

暖かい国ほど、野菜の種類は豊富なように思える。フィリピン

天びん棒で持ってきて、そのまま並べたのか。タイ

新世界原産も旧世界原産もいっしょに並ぶアルゼンチンの市場。一地方のものが、世界に広がったと実感。

その地域にしかない野菜もある。京都・錦市場

レンコンは日本だけかと思ったら…。ボルネオ島

一種類だけを並べて売っているのは、小売りではなく、卸だったか。ミャンマー

野菜料理

なるほど、野菜にはこういう味があったのか。野菜だけでも十分に美《お》味《い》しいのだ……。野菜は脇役《わきやく》、主役は肉や魚。どうしても、そういうイメージが強いが、野菜が主役というような料理もあって、改めて、その味わいを発見したりする。それにしても、国によってはナスもインゲン豆も生で食べ、国によってはなんでもくたくたに煮《に》る。

中近東は野菜が潤沢なところと、そうでないところが極端に分かれる。エジプトのナイル川に沿った地域は野菜も豊富で、さまざまな食べ方がされている。

オーストラリアの野菜の一品。ワインのつまみ。

タイは野菜が豊富。葉っぱに包んで食べる。

魚料理のつけ合わせ。しっかり煮てある。オランダ

塩辛や唐辛子のたれに生野菜をつけて食べる。タイ

これも左と同類。ご飯とこれがあれば食事になる。

海老よりも野菜が主役の味わい。長崎

肉の料理をたのんだら、これだけ「おまけ」に野菜がついてきた。オランダのレストラン。

焼いてオリーブ油をかけた野菜は地中海沿岸の名物料理。

ステーキのつけあわせの野菜。

野菜だけさっぱりと煮込んだ料理。フィリピン

発酵させたタケノコのスープ。ラオス

肉づめのニガウリのスープ。カンボジア名物。

右側の絵柄までぜんぶ野菜。食べられる。台湾

地中海沿岸の野菜の揚げもの。アーティチョーク。

さまざまな山菜を煮たもの。北海道・アイヌ料理。

サラダのための野菜も種類が多い。オーストラリア

トマトをうすくのばしてカニをはさんだフランス料理。

野菜図鑑《やさいずかん》

キャベツやキュウリ、タマネギのように、今はどこにいってもある野菜と、京都のスグキや京菜のように、ある地域《ちいき》に特徴的《とくちょうてき》なものもある。世界中を見渡《みわた》すと、同じレタスでもこれだけ種類が違《ちが》うものがあるのかと驚《おどろ》くぐらい、いろいろな種類があった。

地球の裏側、南米の市場でも多くの野菜は見たような、食べたようなもの。

野菜の保存食だけの店。チリ

アボカドは今や日本でもおなじみ。

ネギにもいろいろと種類がある。

海草もサラダに入れたり。フィリピン

ふつうのズッキーニ。カボチャの仲間。

タマネギとネギの中間？

香りの強い野菜がハーブ。

野菜的に食べる豆の類も多い。

色味が違えば味も違う？

フェンネルは漢方の茴香《ういきょう》でもある。

インゲンの仲間？それにしても長い。

生野菜を食べないところも多い。

巨大カボチャは切り売り。南米で

キュウリのようだけど……。インド

花のついたズッキーニ。

ニンジンも太いの細いの……。

フクロダケというアジアのキノコ。

タマネギも場所により違うような。

中まで真っ赤な赤カブ。

ハーブはアジアにも種類が多い。

これもカボチャの仲間。

パプリカ＝ピーマンはトウガラシの仲間。

これもカボチャやズッキーニの仲間。

野菜として食べるトウガラシも多い。

ひょうたんのようだけど、カボチャ。

ジャガイモも種類いろいろ。

アーティチョークは芯の方を食べる。

トマトもいろいろなサイズと形が。

ピーマンはトウガラシ同様、色が豊富。

丸ナスと呼ばれるナスの仲間。

ヨーロッパ系の米ナス。

水中で栽培されるジュンサイ。

果物

動物に食べてもらうために、植物は果実《かじつ》をつけるという。甘《あま》い実をつけると、種といっしょに食べてくれるから、自分では移動《いどう》ができない植物が、動物のフンという肥料《ひりょう》のおまけまでつけてもらって、別の場所にまで広がっていく……。人間も最初はただ果物《くだもの》を集めて食べていただけだったが、やがて、自分たちの好《この》みに合う、甘いおいしい実を選び、それを育てるようになる。そして、もっともっと甘く美味《おい》しい実をつける木を作っていった。その果物を今、私たちは楽しんでいる。

スペイン・バルセロナの市場には、「これでもか」
というくらいさまざまな果物が並《なら》んでいた。

果物屋

店を見て歩いていて、いちばん楽しいのが果物《くだもの》屋《や》かもしれない。色鮮《あざ》やかで気持ちいい香《かお》りをまき散らす果物が、きれいに並《なら》べられているのを見るのは楽しい。そして、土地のものだけなのか、外国の（温帯では熱帯の、熱帯では温帯の）果物も並んでいるかで、その国の経済《けいざい》の具合なども見えてきたりする。それがまた面白《おもしろ》いのだ。

巨大な緑のかたまり、ドリアン（くさい！でも、美味しい！）や茶色い（中は白い）ボールのようなマンゴスティンなどが並ぶ、タイの市場の果物屋。

洋ナシやオレンジ、リンゴなど、おそらくはヨーロッパの近くの国からのものが多そうな、オランダの町中で見かけた果物屋。「高級果物」はスーパーにある。

果物のお店は季節で表情を変える。雨期入り前のタイではマンゴや赤いランブータンがちょうど季節。

種類の多い少ないも場所による。

市場では小さい商売も。タイ

同じ熱帯でも、アフリカはアジアほど果物の種類が多くないように思えた。

南米、チリの路上の市場で。

温帯と熱帯の中間の台湾は果物が特別豊富。

リヤカーを引いてきて、すぐ果物屋さん。インド

日本のように袋に小分けして売るところは少ない。

果物料理

果物《くだもの》はそのまま食べられるだけでなく、食卓《しょくたく》やお皿《さら》の飾《かざ》りになる。その代表がタイ。料理とは別のひとつの技術《ぎじゅつ》となっている（中国でも似《に》たようなことをするが、野菜で作った飾りをお皿にのせることが多い）。また、料理に使われることもある。ヨーロッパでは果汁《かじゅう》を肉や魚介《ぎょかい》の料理のソースに用いるということが多いが、果物を野菜のように使うのは東南アジアでよく見かける。まだ完全に熟《じゅく》していないものを、野菜のように使うのだ。新しい味の発見。

小さいナイフと彫刻刀のようなもので、花や葉っぱなどの形を作ったりするタイのわざ。

塩辛のたれをつけて食べるスイカ。不思議な味。

西洋料理では、果物・ジャムをソースに使う。

酸味の強い未熟なマンゴにアミの塩辛のたれ。タイ

南タイ・サムイ島の名物はココナツ。サルを仕込んだり、長い鎌を使ったりして実を落とす。

庭先にはパパイヤの木。食べる時に取る。ラオス

お母さんのブドウ摘みのお手伝い。アルゼンチン

果物はお酒にもなる。焼酎でつけた果実酒。能登

パパイヤの未熟な実を千切りにして、

和えるとソムタム。いい歯触り。タイ

お祭りの時の神様や仏様に捧げるものの中に、果物が必ずある。カンボジア

果物図鑑《くだものずかん》

今ではさまざまな果物《くだもの》をどこでも食べられるようになったけれど、もともとリンゴやナシなどは温帯特有《とくゆう》の果物。バナナやパイナップル、マンゴなどは熱帯でしかできない果物。気候や地域《ちいき》によって育つ果物も違う。だから、世界中を見《み》渡《わた》すと、種類も豊富《ほうふ》なのだ。

オーストラリアの市場。土地でできるイチゴやオレンジなどに混じって、バナナなどの熱帯の果物が売られている。

熱帯の国では、だいたい熱帯の果物ばかり。

熱帯でも、季節によって果物の種類が違う。

果物の種類の多い店と少ない店は何が違う？

夜市にトラックが並ぶ。そのまま果物屋。タイ南部

ナシやカキなど日本の果物もめずらしくなくなった。オーストラリア

果物の王様・ドリアン。強烈なにおい。

中は白いランブータン。

ライチやリュウガン、ランブータンの仲間。

ローズアップルは水っぽい果実。

ミカン、オレンジも種類が多い。

オリーブは収穫の時期で色が違う。

パパイヤも熱帯の果物の代表のひとつ。

マンゴも色味など違う種類が多い。

ランサはインドネシア周辺のもの。

インドの市場ではその場で食べられるように、皮をむいて、売っていた。

仏頭果＝バンレイシは甘いクリーム味。

レイシ。熱帯の産。中華のデザートに。

パルミラというヤシ。ゼリーのよう。

マンゴスティン。熱帯の果物の女王。

巨大なジャックフルーツは分けて売る。

豆

「畑の肉」などといわれるように、タンパク質《しつ》や脂肪《しぼう》といった栄養分の高さでは、植物の中でもいちばんなのが、豆。だから、昔《むかし》から人間の食用にされてきた。ところで、豆にはひとつ問題がある。たいていのものは固く、食べられるようにするには長く煮込《にこ》んだりする苦労がある。そこで、さまざまな工夫がされ、今の納豆《なっとう》や豆腐《とうふ》などがある。

インド・ジャイプールの観光地のお城で売られていた、さまざまな種類の豆。煎ったり、ゆでたりしてあって、お菓子のようにそのまま食べられる。

インドでは豆を特によく食べ、食べ方の工夫もされている。市場にも専門店がある。ムンバイ

同じくインドの乾物屋の料理用の豆。

中国・雲南省・西双版納《シーサンパンナ》の市場で少女が売っていたのは固めた納豆。

右中にあるセンベイのようなものは、つぶした納豆。タイ北部の市場で。

マレー、インドネシアの納豆・テンペ。日本と菌が違う。

納豆は無塩で加熱、発酵させたもの。塩入りは味噌。

東南アジアで豆腐はこんなふうに売られている。

東南アジアでも中国でもいろんな豆が売られていて、食卓にのぼる。

豆腐は中国で生まれ、日本にも受け入れられた。大豆を食べる知恵のひとつ。

豆料理

豆をよく食べる国の代表・インドでは、煮《に》てカレーにしたり、つぶしたものをダンゴにして揚《あ》げることが多い。ヨーロッパでは煮てシチューに入れたり、サラダに入れたりする。面白《おもしろ》いと思ったのが、中国や日本の大豆。豆腐《とうふ》にも湯葉《ゆば》にもなれば、油揚げや厚揚げ、納豆《なっとう》や味噌《みそ》、モヤシにもなる。豆とは意識《いしき》せずに、たっぷりと食べている。

ずらりと並んだベトナムの精進料理の主役は大豆。豆腐や湯葉がいろいろな形で登場している。オムレツのようなものも、豆腐を焼いて作ったもの。

日本の精進料理も豆が主役。豆腐や湯葉は肉を食べない仏教の教えのため、中国のお坊さんが伝えた。

中国式の「おでん」にも、ガンモドキが。

湯葉に具を包んで揚げることが多い。台湾

今でもお店では買わず、自分たちで作っているところも。鳥取県大山町

豆乳を温め、表面に固まった膜が湯葉。長持ちさせるために乾燥させる。

火のとおりにくい豆はすりつぶしてから火にかける。インド・デリー

肉の食べられない人たちの肉がわりが豆腐などの大豆食品。ベトナム

すりつぶした豆をまとめて、揚げたもの。インド

ヨーロッパでは煮込んでシチューのようにする。

これもソーセージなどと煮込んだもの。スペイン

豆図鑑《まめずかん》

マメ科に属《ぞく》する食用の植物の総称《そうしょう》が豆。米や麦のようなイネ科についで、量多く作られる植物であり、熱帯から温帯まで種類も非常《ひじょう》に多い。それだけ、人間にとって大事な食べものということだ。外国の市場などを歩いていて、見たことのないものに出合うのも、豆がいちばんかもしれない。姿《すがた》を変えていて、知らずに食べていることも、いちばん多いのではないだろうか。

豆は栄養価が高いことはわかっていても、食べられるように加熱するのが面倒なものが多いため、どこでも料理して売られているものが多かった。スペイン

すりつぶして料理されることも多い。インド

豆腐も味噌も大豆から作られたもの。豆腐の味噌田楽は豆で味をつけて、豆を食べるということだ。

さまざまな国の市場で見かけた豆、豆……。色も違えば大きさも違うたくさんの種類があることがわかる。特にインドには数多くの種類があった。

ベジタリアン

肉や魚介類《ぎょかいるい》をまったく食べず、穀物《こくもつ》と野菜、ミルクなどだけで生きている人びとがいる。菜食主義者《しゅぎしゃ》・ベジタリアンと呼《よ》ばれる。多くは宗教上《しゅうきょうじょう》の理由から、「自分が生きていくために、生きものは殺さない」と考え、食べるものを制限《せいげん》している。極端《きょくたん》な人たちは、植物でさえ根を食べたら、それを殺してしまうと、タマネギのようなものまで食べない。特《とく》にインドに多いヒンドゥー教の一部・ジャイナ教徒や、仏教《ぶっきょう》でも中国などでは、僧侶《そうりょ》をはじめ、それを守る人びとがいる。その食生活を支《ささ》えているのが、豆のもつ栄養。インドでは、ミルクから作られるチーズなども食べられていて、肉を食べなくとも生きることに問題はない。日本の精進《しょうじん》料理も、この仲間《なかま》だ。

豆腐や海草などで人の姿を作った台湾の寺の料理。肉は食べないのに、人を……？

肉がないと質素だと思いがちだが、それなりにごちそう。台湾

ベジタリアン料理だけの専門の店があった。仏教のお祭りの日にはにぎわう。ベトナム

ベトナムも仏教上の理由でベジタリアンが盛んな国だ。尼寺で。

宗教をはなれて、ダイエットのためやファッションになっている。タイ・バンコクの菜食レストラン。

セルフサービスの店でも専門店がある。台湾

湯葉や豆腐が肉のかわりに主役をつとめる。台湾

小麦粉にふくまれるグルテンも肉がわりになる。

いわれないと、肉なしだとはわからない料理も。

焼き鳥はグルテン。焼きそばの具は厚揚げ。タイ

インスタントラーメンにもベジタリアン用がある。

台湾のスーパーのセットもの。素食は菜食の意味。

魚の形は山芋をつぶして作ってある。台湾

肉

オーストラリアの平原で飼われる牛。牛はミルク用と肉用とがいる。

人間はいろいろなものを食べる。その中でも肉はいちばん好《す》きなものらしい。どこの人びとでも肉が登場する食事をごちそうと思う感覚があるようだ。だから、昔からせっせと捕《つか》まえたり、飼育《しいく》して増《ふ》やしたりという工夫をしてきた。でも、好《す》きな食べものであるだけに、それぞれの場所、民族、宗教《しゅうきょう》などによって、それを食べてもよく、好《この》ましいものと思う者と、そうでない者とに分かれる。「仲間《なかま》」であることを確認するのだ。食べものは「記号」でもある。

肉

世界中でいちばん「食べてはいけない」ということが少ない肉といえば、鶏《にわとり》だろう。その次が羊《ひつじ》。インドでは牛を聖《せい》なる生きものとして食べない。豚《ぶた》はイスラム教徒などが汚《けが》れた生きものだということで食べない。「食べてはいけない」は、場所や民族によりたくさんあるが、「こんなものも食べているの」と驚《おどろ》くものもいっぱいある。

昔、イスラム教徒に支配されたスペインでは、豚肉食はキリスト教徒としての特別な意味があった。豚の足をハムにしたものはヨーロッパなどに多い。

中国式に焼いた肉もアジアのあちこちで見かける。カンボジア・プノンペン

毛のついたままのウサギもヨーロッパの町中ではめずらしくない眺め。

今から狩りに。捕れなければサルは食料。ボルネオ

アメリカ・ルイジアナ州の巨大なウシガエル捕りは「スポーツ」。フライにして食べる。鶏に似た味。

ドングリを食べさせて育てる、最高級生ハム用の特別な豚・イベリコ種。スペインの内陸部

イタリア・シチリア島では遺跡に羊が放し飼い。

水田の回りではアヒルが放し飼い。ベトナム

アヒルは中国人の好物のひとつ。台湾の田舎を走っていたら、こんな飼育場を見つけた。

肉屋

肉屋で売っているものといったら、紙のようにうすく切った肉。それは日本の「常識《じょうしき》」。世界中を見渡《みわた》すと、意外なほど、生きたまま売っている場所が多い。「動物園か」と思ったところもある。そうでなければ、動物を形のまま売っていて、客はある部分を指定したり、かたまりのまま買うところが多い。「常識」は場所により違《ちが》う。

買い物の帰り、野菜といっしょにぶら下げているのは鶏。殺すことから料理は始まる。フィリピン

フェリーで川を渡るバイクには鶏の山。ベトナム

動物園のようなながめはアジアのあちこちで見かけた。

鶏といえば一羽のまま売るのがアジアの常識。

自分の運命を知っているのだろうか。ベトナム

羊さえ生きたまま。スペイン・バスク地方

野鳥は羽根をつけたまま売るのがふつう。ポルトガル

ヨーロッパでは大都市の肉屋でも、このくらいのサイズで売っている。欲しい分だけ、切り分ける。ハム、ソーセージといっしょに、料理されたものもある。

ヨーロッパでは牛よりも、子羊の肉が高級な食材。北アイルランド

ぶら下げられた肉はカンガルー。牛肉に近い赤身。オーストラリア

この部分を切って、というぐあいに買う。エジプト・ルクソール

フランス・ブルターニュの小さな町の市場にオープンした肉屋さん。

肉料理

肉のかたまりがいちばんのごちそう。世界中で、そういう感覚がある。イギリスのローストビーフ、フィリピンの豚《ぶた》の丸焼き・レチョンのようなものは、パーティーで必ず登場するごちそうだ。フランスなどでも昔《むかし》の絵など見ると、食卓《しょくたく》には必ず肉のかたまりがある。肉を中心に、野菜や穀物《こくもつ》があるのが理想の食卓という感覚は広く存在《そんざい》している。

子豚の開きは直火焼きで。バンコクの中華料理のお店の前で。

ぐるぐる回る肉のかたまりを、脇の火で焼くバーベキューはアラブの名物。

フィリピンのレチョン。炭で焼く。

子豚の丸焼きはあちこちに。スペイン

香港のお店の前には独特のオーブンで焼いた肉のかたまりが必ずある。

フィリピンのレストランで、「いちばん、ごちそうらしいものを」とたのんだら、豚の丸焼き・レチョンがやっぱり中心に置かれた。パーティーの主役なのだ。

スペインのレストランで見かけた絵。やっぱりお肉が……。

アルゼンチンの焼き肉・アサード。

焼いたアヒルをご飯にのせる。タイ

霜降りの松阪牛のしゃぶしゃぶ。脂が網の目のように肉に入った「霜降り」は日本独特のもの。外国で牛肉といえば赤身。

アイルランドの名物、アイリッシュ・シチューは、羊の肉がたっぷりと、やわらかく煮込んである。

日本では鳥の肉などを鍋にしていた。これはカモの鍋。

焼き鳥に似たものは、日本だけでなく、アジアのあちこちにある。フィリピン

ハトの肉にトリュフというキノコをそえたもの。オーストラリアのレストラン。

アヒルをまるのまま豪快に煮込んだ料理はベトナム・ハノイの家庭の味。

牛のさまざまな部位のバーベキュー。アルゼンチン

鳥の刺身は鹿児島などの名物。ワサビ醤油で。

豚の脚をとろとろになるまで煮込んだ台湾料理。

仔牛の肉を焼いたウインナシュニッツエル。ドイツ

カルパッチョはイタリア起源の、生肉にオリーブ油とハーブの料理。これはカモの肉で作ったもの。

たっぷりのハーブとトウガラシで肉を和えた東北タイの名物料理・ラープ。

「これも食べる？」「もちろん。でも、もうちょっと大きくなってから」鶏肉《とりにく》のような味だ。ルイジアナ州

何かなと思ったら、カエル……。タイ

シンガポールの屋台の料理はカエルの空揚げ。

タイではこのようにして、カエルを売っていた。

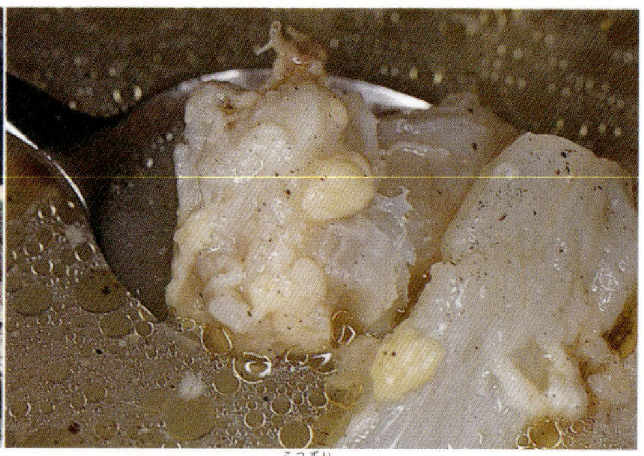

牛の大きな骨の中にある骨髄《こつずい》もゼラチン質のごちそう。

鹿のレバーを生のまま和えたアイヌの伝統料理。

沖縄名物・山羊の肉の刺身。ショウガ醤油で食べる。

馬の内臓の煮込み・おたぐりは長野県の名物。

鹿の肉は西洋料理ではよく食べる。オーストラリア

牛のオチンチンの鍋。東北タイ

豚の血を固めたものはアジアの料理ではよく登場する。スープの具などに。

スペインのバル（喫茶店と居酒屋をあわせたようなところ）では、豚の足の生ハムがいっぱいぶら下がっていた。下の「かさ」は脂が落ちるのを防ぐためにある。

テリーヌなど前菜も肉が中心。フランスの市場

ソーセージは肉を保存して食べる工夫のひとつ。フランス

スペインの生ハム、ハモン・セラーノ。

ドイツはソーセージの種類が多い。

どれもソーセージの仲間。スペイン

ミルク

肉は美味《おい》しいけれど、動物は殺してしまったら、それでおしまい。それでは、どうしたらずっと「利用」できるか。そう考えた人が思いついたのが、動物のミルクを分けてもらうことだった。牛などのミルクは人間にとっても美味しく、栄養があるものだったからだ。中東を中心に、家畜《かちく》を飼《か》い、そのミルクを利用するという文化が育った。しかし、そのままの状態《じょうたい》ではミルクはすぐにダメになってしまう。そこで長持ちさせるために考えだされたのが、ヨーグルトやバター、チーズなどに加工すること。中国の西部やインドから西、ヨーロッパにかけてそんな乳製品《にゅうせいひん》の文化が花開いている。もともとミルクの文化がなかった日本でも、今ではおなじみのものが多い。

ネパール、ヒマラヤの中腹の谷間に暮らすチベット人たちは、寒さに強い牛の仲間、ヤクを飼う。

狭い谷間には牛のエサも少なく、高地を移動しながら飼う。

インドでは水牛のミルクを利用する。

水牛のミルクはイタリアでもチーズに使う。

ヒマラヤのバター作り。長時間ふるとバターができる。

バターを入れたお茶、バター茶作り。大事な栄養源。

ミルクをさまざまに加工する。それが食べものの中心という生活だ。ここでちょうど富士山頂の高さ。

羊もチーズ作りのために飼われている。スペイン

おとなしくミルクをしぼる機械のところに入ってくる羊。スペイン

日本でも今では牛を飼い、ミルクをしぼってチーズを作っている人がいる。

チーズを作る

ミルクにふくまれた脂肪分《しぼうぶん》を分離《ぶんり》したものがバター。乳酸《にゅうさん》で発酵《はっこう》させ固めたものがヨーグルト。ミルクにふくまれたタンパク質《しつ》は温めて酸《さん》や酵素《こうそ》を加えると固まるので、それを利用して作られたものがチーズ。チーズは新鮮《しんせん》なものを食べるものから、長く熟成《じゅくせい》し発酵《はっこう》させたものまでさまざまなタイプがある。たとえば、こんな具合に作られる。

①しぼってきたミルクを温める。

②自家製の乳酸菌を加える。

③ふくまれた酵母が複雑な味を作る。

④仔牛の胃からとったレンネット。

⑤レンネットは凝乳酵素。混ぜると…

⑥固まっていく。カードという。

⑦筒形の型につめていく。

⑧時間がたつと半分ほどになる。

⑨反転させる。のちにもう一度反転。

⑩翌日にはこのような状態になる。

⑪塩を表面全体につける。

⑫塩水で溶いた白カビを吹きかける。

⑬十日で表面にカビ。カマンベール。

⑭カードの状態で水を切ると固まる。

⑮六十度ほどの湯に入れ、練る。

⑯まとまったら、のばしていく。

⑰のばしながら、丸めていく。

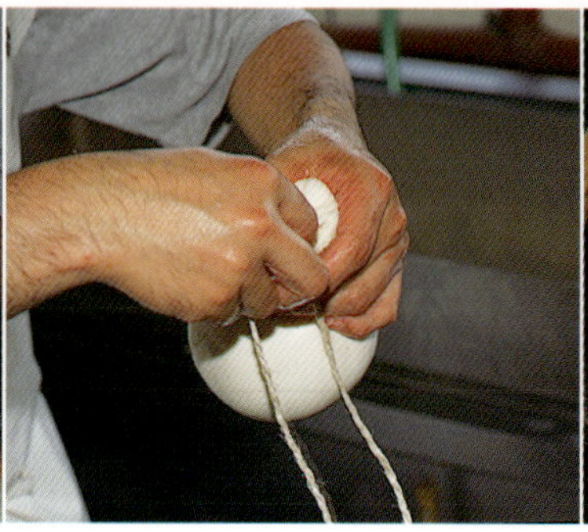
⑱このような形にしてひもをつける。

⑲冷水につけ、後に塩水につける。

⑳乾燥。イタリア式カチョカバッロ。

岡山県の吉備高原、吉田牧場で作っているチーズ各種。モッツアレラやリコッタなども。

熟成庫で寝かせて食べごろを待つ。オーストラリア

この量でも農家の自家製チーズという小規模なレベル。

一年、二年と寝かせるチーズもめずらしくない。

小さなかたまりが自分の重さで固まっていく。

ワックスで表面をおおうタイプ。そうして熟成させる。オランダ

オリーブ油で表面をふき、熟成も。スペイン

チーズ屋

アジアは食べものの豊富《ほうふ》さではヨーロッパに負けない。でも、ことチーズに限《かぎ》ると、圧倒的《あっとうてき》にヨーロッパに多くの種類がある。冬寒いヨーロッパの方が、より長く保存する必要があったから、チーズの占《し》める意味が大きかったのだろう。ともあれ、やわらかいもの、固いもの、新鮮《しんせん》なもの、熟成《じゅくせい》したもの……。チーズの文化が店に花開いている。

左端の上にある巨大なものもチーズ。カウンターの中もぜんぶチーズ。チーズだけの専門店でこのにぎわい。それもたいてい近所で作られたもの。イタリア

インドでチーズといえば、この豆腐のようなパニール。カレーにも入る。

中国・雲南省の昆明《クンミン》の市場で。左は温めたミルクの膜を乾燥したもの。

牛だけでなく、羊や山羊のミルクから作ったチーズも多い。スペイン

ヨーロッパ人にとってミルクはアジア人の大豆のようなものかとも思う。

ヨーロッパでも北の方はかためのチーズが多い印象。保存が必要ということか。

同じイタリアの中でも地域により種類が違う。北部ミラノの常設市場。

南のシチリア島の市場のチーズ屋。車つきで移動できる店だ。

ヨーロッパでは肉屋や八百屋と同じくらいチーズ屋がある。

あちこちからの移民が多いオーストラリアも種類豊富。

「試食して」。オーストラリア

チーズ料理

チーズをはじめとする乳製品《にゅうせいひん》は、そのまま食べられるだけでなく、料理にも使われる。インドではカレーの具にチーズが入っている。イタリアではチーズを使ったパスタのソースもあれば、肉の間にはさまれていたりする。ヨーグルトやバターもいろいろな料理に使われる。さまざまに姿《すがた》を変えるミルクは調味料であり、食材でもある。

インドのレストランのベジタリアン用「定食」メニュー。ご飯の左の白いかたまりはチーズにスパイスをつけて焼いたもの。後ろの器のカレーにもチーズやヨーグルト。

レバノン料理の前菜盛り合わせ。ここでもチーズとヨーグルトが大きな役目をになっている。

パスタに不可欠のパルメジャーノ。天井まで全部。

チベットの子どもが食べているのは、イタリアのリコッタのようなフレッシュなチーズ。

バターをとった残りを温め、固めたヒマラヤのチーズ。

上のチーズを寝かせて発酵させたものをイモのソースに。

インドの菓子屋に並ぶのはほとんどミルクを使ったもの。

ブルガリア料理はヨーグルトをソースとして使う。

エジプト料理でもヨーグルトがソースだった。

白っぽいものがチーズ。菜食主義者の肉だ。インド

これもチーズのカレー。しっかりした豆腐の感じ。

たっぷりのミルク入り紅茶もインド人の栄養源。

卵を食べる

鶏《にわとり》などの鳥を飼育《しいく》するようになって、人は卵《たまご》を食べることができるようになった。農業をはじめる前の狩猟《しゅりょう》や採取《さいしゅ》で生きていた時代も、たまには幸運にめぐり会えただろうが、鳥も盗《ぬす》まれないように卵を巧妙《こうみょう》に隠《かく》しているから、そう簡単《かんたん》には食べられなかっただろう。鳥を飼《か》うという知恵《ちえ》、技術《ぎじゅつ》の発達で人は卵を食べることができるようになったのだ。それも、現在は大量に飼育して、卵をうませるということが可能《かのう》になったから、日常的《にちじょうてき》な食べものになったが、少し前まではけっこうごちそうだった。鳥を飼い、卵を得《え》るという方法は、生きものを殺さずに食料を得ることができるという意味で、ミルクを利用することとつながる知恵だ。

生卵を食べるのは日本以外ではめずらしいこと。日本人の知恵かも。

この巨大な卵は（卵だ！）ダチョウの仲間で、オーストラリアにいるエミューのもの。食べられる。

オムレツはあちこちにあるが、この分厚さはスペイン式のもの。ジャガイモ入り。

日本では天然記念物のカブトガニを食べる国も。卵が美味しいというが……。タイ

アジアではアヒルの卵をよく食べる。塩漬けや土・アルカリに漬けたピータンも。

農家の庭先にいる鶏の卵を売るところから、今や卵工場のようなものに。ベトナム

これがピータン。中国式冷奴で食べると美味しい。

ガチョウの卵は鶏の卵の倍以上。器にしている。

ふ化直前の卵をゆでたフィリピン名物。

肉といっしょにゆで卵を煮るのは中華料理でよくある。

アジア式のオムレツはこういうものが多い。

ポテトと卵を合わせた料理。スペイン

オムライスは日本の発明だが、韓国にもあった。

固まらず、とろりとしたゆで卵が温泉卵。

虫を食べる

食べない人にとってはゲテモノ。食べる人にはふつうの食べもの。それが虫。日本では特《とく》に山深い長野県で食べている。アジアやオーストラリアなどでもふつうに食べているところがある。魚などがとれないところでは、貴重《きちょう》なタンパク源《げん》になっている。はじめは抵抗《ていこう》があるが、慣《な》れると美味《おい》しかったりして……。

煙でいぶしハチを気絶させ、巣と卵をとる。とっても危険なゲーム。長野県で。

ハチの子がたっぷり入った巣。佃煮も美味しいし、炊き込みご飯もいい。

カンボジアの道ばたで売っていた虫。種類はわからないが、スナック感覚。

ラオスの地方のフェリー乗り場で、子どもが菓子のようなものを売っていた。それが串刺しにした虫だった。ゆでてあり不思議な味だった。

カイコのさなぎを佃煮にしたもの。長野県でも特に伊那地方の名物。ご飯といっしょに食べると美味しい。酒のさかなにもなる。

タイの市場で。空揚げにしてあり、そのままボリボリ食べられる。美味しい。

これもタイの市場で。バッタの類はエビに似た味で、けっこう美味しいもの。

東北タイの市場のアリの卵。和え物などに。アリの親の方は広東料理で食べる。

ザザムシという川の中にいる虫を佃煮にしたもの。エビと味は変わらない。長野県

メンダーと呼ばれるタガメの一種。タイでは珍重され、安くない。ごちそうに使うという感じだ。仕事として捕まえる人がいると聞いたことがある。

上のメンダーを使った料理。たれに入っている。なぜか、さわやかな味だった。

ドングリのようなものかと思ったら……. 東南アジアの市場

こんな幼虫もあちこちで食べている。ハチの子と同じような味だ。

ハチの子は豆腐やミルクをもっと濃厚にしたような味で美味。

魚

肉と同様、あるいは場所によっては肉以上に重要な食べものが魚だ。ただ、動物の場合は家畜《かちく》にして飼《か》うということを古くからしてきたから、比較的《ひかくてき》安定して確《かく》保《ほ》できたが、魚は近年になるまで海や川でとるものだった。だから、たくさんとれたときに保存食《ほぞんしょく》にするという技術《ぎじゅつ》も発達したのだろう。保存食にして、交易《こうえき》されることもあった。世界中にさまざまなとり方があり、料理の仕方も多岐《たき》にわたっている。

ミャンマー・サンドウェーの海辺で地引き網《あみ》をひく漁師たち。

魚をとる

タイの農村の、干《ひ》上《あ》がって泥水《どろみず》になった用水路で、泥だらけになって格闘《かくとう》している男を見つけた。大人が泥遊びをしている？と思ったが、夜のおかずにするために泥の中にいる小魚を手づかみにしているのだった。世界中の海や川で、何か月も船に泊《と》まり込《こ》む遠洋漁業、あるいは養殖《ようしょく》など、魚を得《え》るためのさまざまな営《いとな》みがおこなわれている。

日がメコン川に沈む夕暮れ。金色にそまった川には魚を求めて網を投げる姿が何重にも重なった。

押さえた竹のかごに入った魚をとる。タイの農村

竹の仕掛けを沈めに。ミャンマー・インレー湖で。

子アユやフナズシ用のフナをとる湖の漁。琵琶湖

網にかかった魚をとる。インド・ゴアの海辺で。

干潟をガタスキーで貝をとりに……。有明海

とる漁業から育てる漁業への転換は進んでいるが、それは採取から農業への変化と同じなのだろうか。長崎

ズワイガニ漁の船がもどった。大漁だ。金沢の夜の漁港。

海辺のいけすにオマールエビ。フランス

魚市場の活気はどこも同じ。ミャンマー

魚屋

ふつうに食べられる動物の肉というと、わずかな種類しかないが、魚《ぎょ》介類《かいるい》は圧倒的《あっとうてき》に種類が多い。同じ魚といわれているものでも、地域《ちいき》によって微妙《びみょう》に形や模様《もよう》が違ったり、違った名前で呼ばれていたりする。日本のように魚をよく食べるところでは、出世魚のように、さらに大きさで名前が変わったりもする。だから、魚屋は面白《おもしろ》い。

「ゆでたてのカニだよ。安いよ。食べてみない？」もともとは地元の人たちの買い物の場所だった魚の市場が、観光地になって……。函館

日本海の味がそろうのは金沢・近江町市場。地元の人たちと観光客が混じる場所。

東北地方の主だった町には必ず市場がある。「魚を買うなら市場」という。

ヨーロッパの北ではニシンがよく目につく。酢漬けにしたり……。アイルランド

魚の見せ方、並べ方は国によって違う。美意識の違いなのか。スペイン

ウニやイソギンチャクが目についたチリの海辺の店。ぶら下がっているのは干物。

照明の具合で新鮮そうに見えたりもするから……。

東南アジアも内陸にいくと川魚がよく食べられている。

インドネシア・ジャカルタの魚市場。

フィリピン・サンボアンガの魚市場。巨大なスペース。

日本の市場では、魚をおろし、刺身にして売っているところも。

巨大な太刀魚。ポルトガル

魚を食べる

ヨーロッパでも北の人たちは、タコを「海の怪物《かいぶつ》」と嫌《きら》う。でも、南の人たちは好《この》んで食べる。魚を生で食べるのは日本人だけといわれるが、中国でも海辺では生で食べるところがあるし、朝鮮《ちょうせん》半島でも好まれる。カキなど貝類はヨーロッパ人も生で食べるのが大好きだ。魚の食べ方、好みは新鮮《しんせん》なものが手に入るかどうかにもよるようだ。

石川県能登半島の民宿の料理は海がすぐそばだけに、さまざまな調理法の魚介づくしだった。

台湾の伝統的な料理も、海が身近なところだけに魚介がいっぱい。

マレーシアの農村の家庭料理。魚は油で焼いたり、カレーに。

日本人にはおなじみの煮つけや味噌汁という魚づくしの朝ご飯。

ゆでたタコを切って、オリーブ油をかける。

客はレモンをしぼって、パクリ。シチリア

フィリピンも海に囲まれている国だけに、魚の料理が目立つ。

炭で焼いて食べるところはアジアにも多かった。

魚を米といっしょに炊き込む料理。高知県

北海道名物、魚介類がいっぱいのラーメン。

京都の料亭の料理も主役はやっぱり海産物。流通が昔と変わってからだろうか。

「お酒といっしょだとおいしいよ」。スペインの居酒屋で。

ポルトガル人も魚をよく食べる。天ぷらのルーツ。

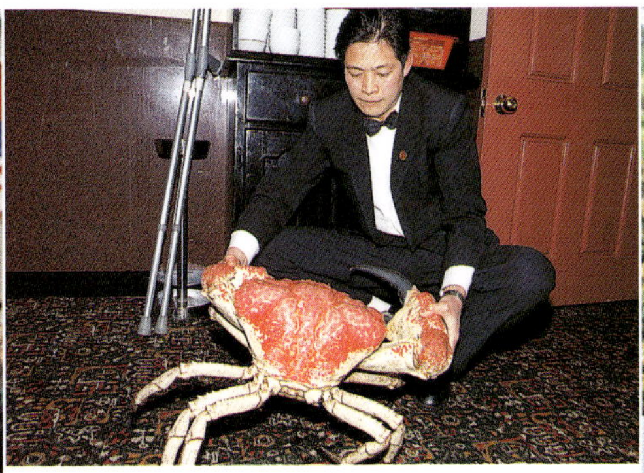

巨大なカニはキングクラブ。オーストラリア

イギリスの定番料理・フィッシュ＆チップス。

「これでもか」と海のもの。タイの海辺のリゾート。

魚料理

中国で海産物のごちそうといえば、何といってもアワビとフカヒレ、そしてナマコ。そのどれもが乾燥《かんそう》させたものをもどして料理したもの。ごちそうが発達した都が海から遠かったので、乾物にして運んでいけるものを使う工夫からだった。逆《ぎゃく》にいえば、海に近いところでは新鮮《しんせん》な魚介類《ぎょかいるい》を使った料理が発達している。刺《さし》身《み》などその典型だろう。中国でも海辺の地方には、刺身に似《に》た料理が存在《そんざい》する。フィリピンや南米でも生の魚の料理がある。また、川辺では川の魚を使った料理がある。それぞれの土地で、そこにあった魚料理が発達してきたということなのだろう。そして、交通、流通の発達で、今やどこにいても、魚介が食べられるようになったのだ。

マグロの頭を豪快に焼いた一皿を中心に、刺身などさまざまな海産物の料理。静岡県の海辺の宿で。

魚を空揚げにしたもの、酢漬けにしたものなどが並ぶスペインの居酒屋兼喫茶店・バル。軽くつまむ酒のさかながある。

なぜか、「象の耳」という名前の魚を姿のまま揚げたもの。ベトナム

海辺の市場には、ウニとホタテが並んでいた。日本と同じように生で。チリ

スペインでもバスク地方など海辺に面したところは海産物の料理が盛ん。

シーフードの盛り合わせをたのんだら、巨大なエビから生ガキまで……。オーストラリア

うすく、うすく切って皿の模様がすけて見えるように盛りつけるのが、フグの刺身。その盛りつけ方にも、産地下関ではさまざまなスタイルがある。

魚の活き作りは日本的美意識。外国人にはちょっと……。

日本が誇る寿司。やっぱりおいしい。

カニはどこでも人を無口にする。ベトナム

シーフードの煮込みもあちこちに。チリ

魚は新鮮なものが手に入るかどうかで調理法が違う。

高知県の宴会のごちそうの盛りつけ。皿鉢料理。

生の魚を酢漬けにした和え物はフィリピンと南米に。

酸っぱくて辛い、タイの有名な料理・トムヤム。エビが有名だが、シーフード盛り合わせも。

オリーブ油入りの土鍋は低温で煮込む。スペイン・バスク料理。

これで一人前？　巨大なシタビラメが三枚も。オランダのお店で。

タコのマリネはイタリアやスペインの料理。

乾燥させたナマコをもどして煮込んだ。台湾

米のとぎ汁で魚を煮る酸っぱいスープ。フィリピン

煮こごりや魚の内臓など珍味も多い。下関

焼いたマスに野菜をたっぷりそえて。アイルランド

川魚と川エビを素揚げにして塩味で。台湾

生のようで火がとおった海マス。オーストラリア

イカをイカスミで煮込んだバスクの名物。スペイン

寿司はもはや日本だけのものではない。韓国

道ばたのスパイスの店。どうしてこんなに使うのと驚《おどろ》くくらい、みんな大量に買っていた。インド・デリー

香辛料

料理に香《かお》りや辛《から》さなどを加える香辛料《こうしんりょう》。肉や魚をそのまま焼いたり煮《に》たりするよりも、植物の葉や皮、実などを加えた方が、心地よい香りがしたり、食べやすかったり、料理した後も長く腐《くさ》らなかったりした、という経験《けいけん》から使うようになったのだろう。香辛料は料理に用いられるだけでなく、漢方薬でもある。だから、ターメリックが鬱金《うこん》、シナモンが肉桂《にっけい》という漢字の名前もある。香りの強い新鮮《しんせん》な草＝ハーブも同じ用途《ようと》だが、乾燥《かんそう》したスパイスとは区別することが多い。

香辛料

ヒマラヤの山間の小さな土地では、野菜を作るための小さな畑の一部に、トウガラシが植えられていた。もともとアメリカ原産だが、世界中で使われている。アジア原産のコショウも世界中で使われている。美味《おい》しく食べたいという思いからか、多くのスパイスに殺菌《さっきん》作用や薬となる成分がふくまれていることを、経験《けいけん》から知っているからか。

アメリカ南部ルイジアナ州。大平原の緑の中に黄色と赤がゆれていた。タバスコの原料になるものだ。

ほら、こんな大きなトウガラシも。アメリカ

コショウはこの木になる実。マレーシア・ボルネオ島

ベトナム・サイゴンの市場で見かけた香辛料と調味料の専門店。

トウガラシ売りは子どもたちのアルバイト？　マレーシア・ボルネオ島

東南アジアでは本当によくトウガラシが使われる。ミャンマー・ヤンゴン

ヒマラヤの四千メートルにある民家の屋根には、収穫したトウガラシが干されていた。

ベトナム料理は、比較的刺激は少ないのだが……。

東南アジア大陸部ではハーブも多用する。レモングラス。

中国系の香辛料と調味料の店。シンガポール

土地独特といったハーブも多い。オーストラリア

一面に独特の香りが立ちこめる。エジプト

スパイス好きは料理の香りに敏感。エジプト

わけのわからないものを売っていると思うと香辛料。

カレー[Ⅰ]

「スパイスを使う」という文化がいちばん発達したのがインド。大昔《おおむかし》からさまざまなスパイスを料理に使ってきた。その代表がカレーと呼《よ》ばれる料理。もともとインドではカレーという名前はなかったが、外国人がスパイスがきいている汁《しる》けのある料理をそう呼び、使われるようになった。近隣《きんりん》の東南アジアなどにも似《に》た料理は昔からあった。それがヨーロッパに伝わり、より広い地域《ちいき》で食べられるようになった。スパイスを混《ま》ぜて作るというもともとの作り方は、慣《な》れていないヨーロッパの人びとにはむずかしかったらしく、スパイスをはじめから配合した商品がイギリスで作り出され、もっと広く食べられるようになった。それがカレー粉だ。明治時代、カレー粉は日本にも伝えられ広まった。

よく使うスパイスを入れておく容器。材料によって配合を変え、カレーを作る。インド

マレーシアのいくつかのカレーを作る材料。すでに配合してあるスパイスも。白いのはココナツミルク。

カレーを作るたびにスパイスを混ぜてすりつぶす。インド

結婚式でターメリックを二人で火に投げ入れる。その黄色には特別な意味がある。インド

スパイスをすりつぶすための道具。南インドのゴアの民家で。

インド、デリーの家庭の夕食。カレーをひとつだけということはない。必ず何品か作る。

ターリーと呼ぶセットのメニュー。ベジタリアン用。

こちらは肉食用のセット。ともにデリー。

「食堂」という感じの店。もちろん、カレーを。デリー

スパイスの風味がきいたタンドリーチキン。

魚の頭のカレーはマレーシアのインド人のもの。

イギリスにあったジャマイカ風というカレー。

カレー[II]

インド以外の東南アジアなどにも、多種多様なカレーがある。塩辛《しおから》が入っていたり、ココナツミルクが使われていたり、黄色かったり、緑や赤い色だったりするが、それでもカレーだ。そして日本には、イギリスから伝わって日本の味となったカレーがある。国民食といっていいほど、食べられている。日本式カレーは、さらに韓国《かんこく》や台湾《たいわん》にも伝わっている。

お坊さんたちが「托鉢」で集めてきた朝ご飯。黄色や赤、緑の色の強いものは、ほとんどカレーの仲間だ。タイのカレーのほとんどに塩辛が入っている。バンコク郊外

ミャンマーのお坊さんたちが集めてきた料理。こちらもほとんどカレー。タイより油っぽい。

タイ・バンコクの市場のそうざい店。やっぱりカレーが主役。

給食の人気メニューはやっぱりカレー。横浜市内の小学校

イギリス式のカレーの食べ方はフォークとナイフで。インスタントもある。

韓国のカレーの店ではキムチがついてきた。カレーはあまり辛くはなかった。

もっともシンプルなカレー。ネパールの高地。

青いトウガラシを使うタイのグリーンカレー。激辛。

カニをカレー粉で炒めたタイの中華料理。

ミャンマー式カレー・シービャン。水けが少ない。

塩辛をだしに、野菜たっぷりのカレー。タイ

カツカレーは日本の発明。福神漬けをそえるのも。

調味料

塩や砂糖《さとう》をはじめ、料理に味をつけ、味を調えるのが調味料。もともとは塩のように体に必要なものをとっているうちに、それを加えると料理がおいしいということで発達したのだろう。今では、さまざまな調味料が世界中で作られ、その土地独特《どくとく》の料理の味を作り上げている。おいしく食べる工夫のひとつ、それが調味料といえるだろう。

海水の水分を蒸発させ、じょじょに濃くして作り上げる塩。岩塩というかたまりのまま土の中にあるものを利用するところもある。フィリピン

塩と魚を漬け込んで作る魚醤。これはベトナムのニョクマムの工場。

家の軒先にぶら下げてあるのは味噌玉。韓国

トウガラシと酢からタバスコ。

サトウキビのほかサトウダイコンからも砂糖を作る。

ヤシの幹から出る汁を煮つめた砂糖もある。タイ

サトウキビの汁を煮つめると黒砂糖。熊本県

酸味には酢を使うところと柑橘類を使うところが。

タマリンドという豆を発酵させ酸味を。マレーシア

醤油のかわりに酒かすで刺身を。沖縄・与那国島

同じシンガポールでも、中国系の人たちの調味料の店(左)と、インド系の人の店(右)では売っている調味料がまったく違っていた。

保存食

初冬の韓国《かんこく》では、大量の野菜を漬《つ》け込《こ》んでキムチを作る姿《すがた》がよく見られた。冬の間、食べ続けられ、保存《ほぞん》ができる野菜、キムチをまとめて作っていたのだ。ヒマラヤの山の中の家を訪《たず》ねたら、肉や乳製品《にゅうせいひん》のような食べものをたくさん蓄《たくわ》えた部屋があった。電気も冷蔵庫《れいぞうこ》もないから、そのまま保存できる食べものばかり。いつも食べものが手に入るかわからないため、どうやって保存しようかという知恵《ちえ》、それが保存食だ。そのまま保存できる穀物《こくもつ》以外は、たいてい保存食品を作る工夫が見られる。

四人家族がひと冬食べる分のキムチ作り。ご飯とともにほんの少し食べる日本の漬《つ》けものと違《ちが》って、保存できる野菜料理の感覚だ。

保存食〈野菜〉

切り干《ほ》し大根やサンドライトマトのように干《ほ》して乾燥《かんそう》させたものもあるが、野菜の保存法《ほぞんほう》の代表は漬《つ》けものだろう。塩味をつけて発酵《はっこう》させたもののことだ。数え切れないほどの種類、工夫がある。アジアだけでなく、ヨーロッパにもピクルスやサワークラウトのように、数多くの漬けものがある。果実を砂糖《さとう》で煮《に》込《こ》んだジャムも保存食の仲間だ。

大根を漬けものにするために、軒先にぶら下げられた光景は、かつては初冬の風物詩だったが。今や、漬けものは作るものではなく、買うものとなってしまった。

韓国のキムチは多種多様。

大根は漬けものの主役か。

高菜そっくり。ミャンマー

ベトナムも漬けものの多い国だった。酢漬け、キムチのようなものまであった。

京都は漬けものが豊富だ。独特の野菜が多く、それがまた漬けものになる。

ドライフルーツ同様、トマトを乾燥させて保存食品としたのがサンドライトマト。地中海の知恵。

チリの市場に並んだ漬けもの各種。

全部、庭先で出来た野菜や果物で作ったジャムや酢漬け、水煮などのびんづめ。オーストラリア

作るより買うものとなったのはどこも同じ。

西洋式は酢漬けの類が多いように思われた。

オリーブもさまざまな保存食品になる。

ワイン酢に漬け込んだ野菜も。チリ

保存食〈肉〉

ヒマラヤの山の中の家で蓄《たくわ》えてあった肉は干《ほ》し肉だった。水分がへると、腐敗《ふはい》させる菌《きん》が繁殖《はんしょく》しにくくなるからだ。塩漬《しおづ》けのベーコンやハム、ソーセージのくん製《せい》も同じように腐《くさ》りにくくする工夫である。動物を、エサが豊富な夏の間たっぷり食べさせて太らせ、エサがなくなる冬の前に殺し、その肉を冬の間中、食べるための工夫だった。

塩漬けにしてぶら下げておき、熟成させたスペインの生ハム、ハモン・セラーノ。もともとは農家の軒先にぶら下げて作っていたものらしい。

ハモン・セラーノは生の豚の足を塩漬けにして、乾燥、熟成させたもの。文字通り生のハム。

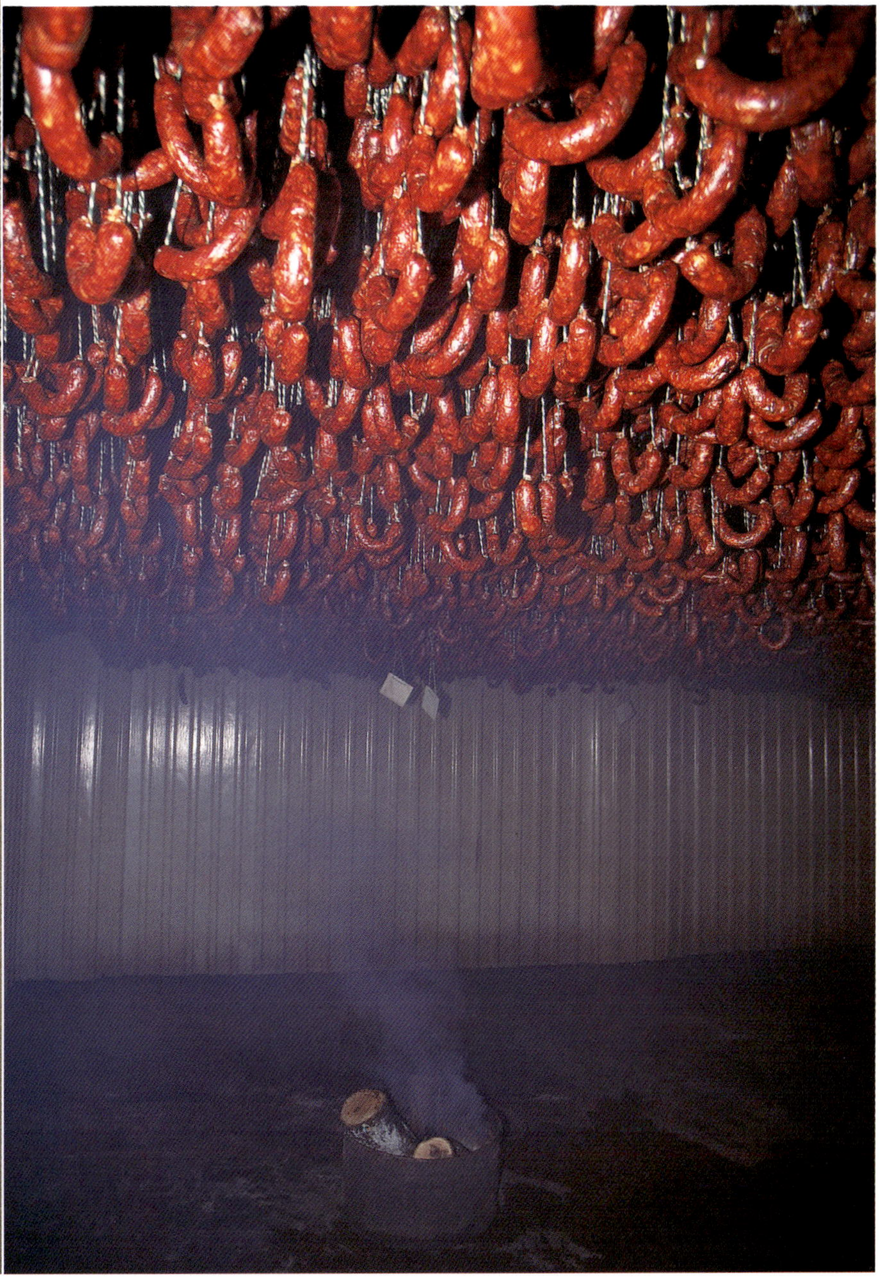

くん製も肉類を保存する工夫のひとつ。いぶすことで独特の香りもつく。スペインのチョリソ作り。

保存食〈魚〉

はじめて東南アジアを訪《おとず》れた時、新鮮《しんせん》な味わいのはずなのに、妙《みょう》になつかしいような慣《な》れた味わいを感じて、不思議に思ったことがあった。それは、魚を塩漬《しおづ》けにして発酵《はっこう》させた塩辛《しおから》のようなものがほとんどの料理に使われていたからだと知った。日本にショッツルのように魚で作る醤油《しょうゆ》（魚醤《ぎょしょう》）があるが、タイやベトナムではそれが基本の調味料だ。アミのような小エビの塩辛は味噌《みそ》のように使われている。塩だけでなく、ご飯もいっしょに漬け込《こ》んだものをナレズシという。日本のフナズシもその仲間《なかま》だが、東南アジアにも同じようなものがある。どれも、魚を保存《ほぞん》する知恵《ちえ》である。ヨーロッパではくん製《せい》や酢漬《すづ》けにしたものが目立った。干《ひ》物《もの》は各地にあった。

ニョクマム作り。イワシの類を大量の塩で漬け込み、発酵して出てきた液を熟成させたものが魚醤。ベトナムのメコンデルタ。

塩漬け魚にご飯を混ぜて、ナレズシ作り。

タイではナレズシのことを、プラ・ソム＝酸っぱい魚と呼ぶ。

日本のナレズシの代表、フナズシ作り。きれいに層を作っていく。滋賀県

ニゴロブナという琵琶湖のフナを漬け込んだのがフナズシ。

能登半島にはヒネズシと呼ばれるナレズシの仲間がある。アジやアユを漬ける。

東北地方に早ナレと呼ぶものもある。

ミャンマーの山の中にもナレズシがある。

中央にあるのがアミの塩辛のペースト・カピ。味噌のように使う。タイ

フィリピンにはバゴーンという塩辛。

小さいカニを漬け込んだもの。東北タイ

韓国はアミの塩辛がよく使われる。冬場のキムチにも入れられる。

イギリスなどではくん製にした魚がよく売られていた。

ヨーロッパではいぶしながら加熱するものと煙だけで熱は加えないものがある。

干物は魚を保存する代表的な方法。小さいものは煮干しのようにだしに使い、大きなものは焼いて食べたりする。これはシンガポールの下町で見かけた光景。

水けをぬき、いぶしてカビづけしたのがカツオ節。

港の近くに行くと、このような干物をよく見かける。日干しにするのがふつうだが、最近では乾燥機で作ることも。

ミャンマーの市場でも干物専門の店をよく見かけた。

周囲を海に囲まれたフィリピンは干物の種類が多いところだ。手前は干物をくん製にしたもの。

スペインではタラを干物にしたものが多い。カラスミもある。

ラオスのような内陸国では、川魚の干物やタイなどからの輸入品が。

アジアの港の近くではよく見かける光景。日本だけではない。韓国・釜山

市場

どこの国に行っても、どこの町を訪《たず》ねても、必ず最初に市場を探《さが》す。市場を歩き回って、どんなものが食べられているのか、どんな食材の産地なのか、どんな飾《かざ》りつけをしているのかなどを見て回る。たいてい、市場には屋台など庶民的《しょみんてき》で気軽な食べものの店もあるから、土地の人びとが食べているものを、食べてみる。市場を歩く方が、有名な観光地を訪ねるよりも、その国、その町が「わかる」ように思われるからだ。そして何より、市場は活気があって、いちばん楽しい場所である。

どこから人がわいてくるのだろう。そう思われるような雑踏《ざっとう》。いろいろな国の市場を歩いたけれども、これほどの市場はそうはない。インド・カルカッタ

市場の風景［I］

食べものになるものを育てたり、とってきたりという「生産」の側と、家庭や食べもの屋という料理を作り、食べる側をつなぐものが市場だ。だから、両方の側が見えてきて面白《おもしろ》いのだろうか。それより何より、人と物が集まっているから、それだけで楽しいのかもしれない。その国のにおいがするのが市場だ。

農村に人が集まるところがあった。近くの自分の畑で作った野菜などを売っていた。これがやがて売る専門の人が現われ、商売になっていくのだろう。ベトナム・ハノイ近郊。

大きな都市では、本格的な市場になる。マニラ

近くの村で野菜などを作っていた人たちが、汽車に乗って売りにきたことからはじまったという函館駅前の市場。

タイの稲作地帯では、縦横に走る水路が「みち」だった。市場へも小舟で集まってきた。今は陸の道がふつうになり、残っている水上の市場も少なく、ほとんどが観光地。

市場の風景［Ⅱ］

ヨーロッパの古い町では、たいてい中心に広場がある。そこに週に一回といった具合に市が立つ。場所によっては、毎日だったり、さらに屋根付きの場所になっていたりする。物物交換《こうかん》のようなところから、じょじょに商売というようなものになっていったのだろう。スーパーマーケットもふつうにあるが、市場も消えてはいない。

古い遺跡のような場所に市場があった。どのくらい昔からなのか。ブルガリア・ソフィア

こちらはローマ時代の遺跡かと思われるような広場の市場。バスク

古い町並みに店もとけ込んでいた。ポルトガル・リスボン

何百年も前の町並みそのままに町の中心に市が立つ。フランス・ブルターニュ

田舎の小さな町の中心にも小さな市が立っていた。スペイン・カタルーニャ

この小さな空間が店。ポルトガル・リスボン

かつての社会主義国も自由な市場ができるようになり、物も豊かに。ブルガリア・ソフィア

何年前から市場にいるのだろう……。リスボン

道に広がっていくのが市場。イタリア・シチリア

道に広げたのが店。シチリア

売り手と買い手がいっしょになって市になる。エジプト

こんなに売れるのかと思うけど、商売になる。

建物におさまった市場。スペイン・カタルーニャ

エジプトでも広場が市場だった。ルクソール

市場の風景［Ⅲ］

アジアもほとんどの国で、スーパーマーケットの世界になった。小分けにされたものが、きれいに袋《ふくろ》づめされて売られている。コンビニエンス・ストアもふつうだ。しかし、市場は今も健在《けんざい》。ほとんどの町には市場の空間が広がっている。料理の材料を売る店と菓子《かし》や料理を売る店、そして屋台がいっしょになって、市場を作り上げている。

メコン川の流れの上で開かれる市場。舟が足がわりのところだからこそ、こんな市場もできる。ベトナム

卸売り市場では箱での取り引きになる。新潟

「おいしいオレンジだよ。どう？一袋」。南アフリカ

並べ方にも美意識があるような。ベトナム

商売をするお母さんの横でお勉強。ベトナム

日本にも近くの農家から持ち寄った市場も。盛岡

子どもたちの店番もめずらしくない。ミャンマー

ラオスでも子どもたちの「おしごと」はふつうだった。

道だったはずのところが占領されて……。焼いたり煮たりの商売も当たり前。東北タイ

木かげの店にはイスまであってゆっくり。東北タイ

山中に住む少数民族も買い出し。タイ

お客が便利なように……。ベトナム

川のほとりにぽつんとあった店。ひまがあったら……。カンボジア

アヒルの料理の専門店。バンコクの週末市場。

熱帯の暑い太陽の下、市はだいたい昼ごろまで。

「その豚の背中のあたりの肉を……」。沖縄

もうそろそろ今日の商売はおしまいかな。ベトナム

まっすぐな道を車で走っていると、T字路のあたりに木があって、その下に店が集まっていた。売っているものは少ないけれど、ホッとするところ。南アフリカ

台所

ガスのコンロは日本のものより火力が強い。台湾のマンション。

市場で材料を仕込《しこ》んできたら、さあ、料理だ。台所をのぞいてみよう。世界中で、システムキッチンのあるところがずいぶんと多くなってきたけれど、まだまだ場所によっては昔《むかし》ながらの台所が残っている。今でこそ、肉を買ってくることが多いけれど、昔は動物や魚を殺すところから料理がはじまったから、土間があった。部屋の真ん中の囲炉裏《いろり》で煮炊《にた》きをするところもあれば、土を固めたカマドで薪《まき》をたいたりもしていた。料理はたいへんな仕事だった。

「昔は薪をくべていたけど、今はガスで楽になったのよ」。フランス

ヒマラヤの四千メートル近い高さにある
家の台所。ご飯を炊くのは圧力鍋《なべ》。

東南アジアではシステムキッチンはあって
も、床《ゆか》に座《すわ》り込《こ》んで料理することが多い。

台所［Ⅰ］

アジアとヨーロッパの台所のいちばん大きな違《ちが》いは、主食を作るところかどうかということだろう。アジアでは米を炊《た》くところからはじまるのに対し、ヨーロッパを中心としたパンの世界では、主食であるパンは買ってくるもの。それと、食事をするためのテーブルが台所のわきにあるのも特徴だ。煮《に》炊《た》きの意味が違うのだ。今では日本のマンションなどでもふつうになったダイニングキッチンの発想は、アジアではあまり見かけない。食べるところは分かれている。現在のような形ができあがったのは、ガスや電気を完備《かんび》した二十世紀に入ったあたりからだ。

欧米では、右端に見えるように洗濯機も台所にあることが多い。イタリア

左手前で焼いているのはアジとイワシ。オリーブ油をかけて食べる。フライパンの種類が多い。ポルトガル

コンロの上に棚があるのはめずらしい。アイルランド

マンションの台所はやはり狭い。ロンドン

すぐ後ろにテーブルがある。オランダ

アメリカやオーストラリアなどの、都市ではなく田舎の家では、ゆったりとした台所が多かった。

スペイン・バスク地方の田舎で見かけた台所。台全体が温まるので、どこにでも鍋をおける。しかし、強力な火力は得られない。この下がオーブンになっている。

インド・デリーの家庭の台所。鍋だけでなく食器も金属のものが多い。

金持ちでもふつうの家でも、インドでは台所と食卓は別が多かった。

スパイスや豆などを常備したスペースがゆったりとあるのも、インドの台所の特徴かもしれない。

サファリで泊まったコッテージの台所。南アフリカ

台所[Ⅱ]

山の中に住む少数民族の家では、家族が集まる部屋の中に囲炉裏《いろり》があるところが多かった。暖房《だんぼう》と料理をすることを兼《か》ねているのだ。日本でも農村などで、古くはよく見られたものだ。ただ、囲炉裏は安定性がなく、ふきこぼれた水分がそのまま火にかかったりするので、米を炊《た》くには適《てき》していない。だから、米を主食とするところでは、米を炊くために台所が独立《どくりつ》していったのかもしれない。アジアでは、料理は床《ゆか》に座《すわ》り込《こ》んでするところが多いようだ。ヨーロッパのような台所があっても、その床に座り込んで料理しているのをよく見かけた。また、土間のところも多く、台所は家のすみにあることも多いようだ。

アジアでも今では、このような台所がマンションなどで多くなった。シンガポールの団地。

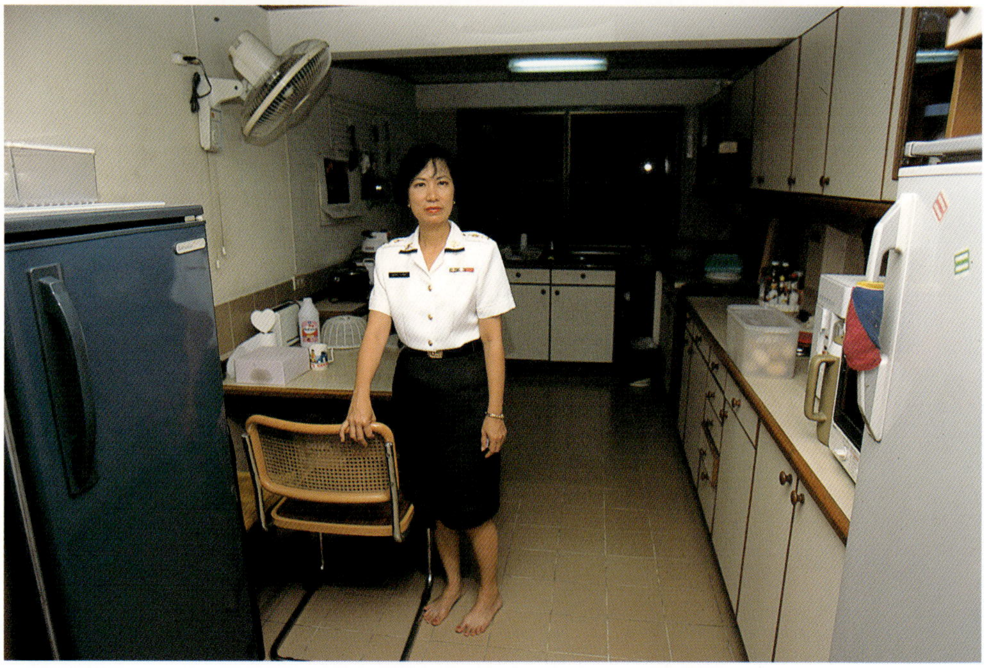

金持ちの家では、このような台所。ただ、これとは別に外にもお手伝いさんが実際に料理する場所も。タイ

台所の片すみには薪をくべるカマドが。日本のもともとのスタイルだが、少し中国的にも見える。沖縄・与那国島

台所とは別にこんなカマドが外にもあった。マレーシア

北タイの山の中、少数民族と呼ばれる、タイ人とは別の昔ながらの暮らしをしている人たちの家。寝起きもする広い部屋の中央には囲炉裏が。これで暖まり、料理も。

ヒマラヤの村でも囲炉裏。食事もここで。

東北タイでも家のすみにある台所で座り込んで。

アジアでも立って料理するところは多い。ネパール

電子レンジに電気釜、ミキサー。アジアの台所も日本と変わらない。タイ

インドと中国に近いものが混在。タイ

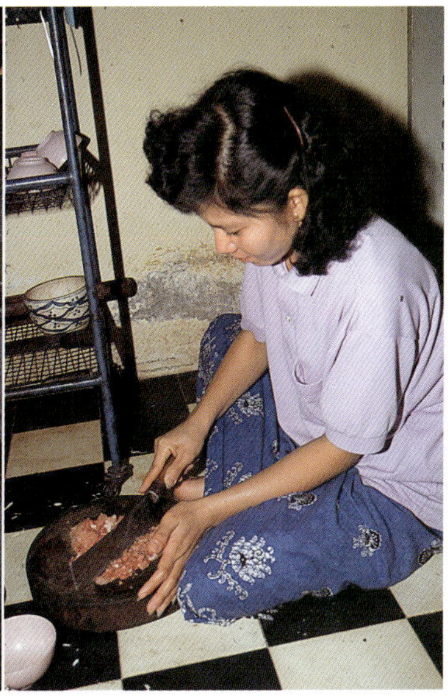

調理台はあるが、床で料理。カンボジア

食器

料理したものを盛《も》りつける食器。もともとは植物の葉っぱや平たい石が用いられたようだ。今でもインドなどではバナナの葉を食器として用いている（ただし、これは一度しか使わないものが清潔《せいけつ》という、インドなどの独特《どくとく》の価値観《かちかん》による）。日本でも料理を葉っぱで飾《かざ》りつけることがあるが、そのなごりかもしれない。それが、じょじょに土をこねて用途《ようと》にあった形に焼いた土器に変わり、やがては現在のような陶磁器《とうじき》などに変わっていったようだ。粘土《ねんど》で形を作り、高温で焼いた陶磁器が主役といえるが、銀器などの金《きん》属《ぞく》のもの、あるいは木をくりぬいたもの、木や竹で作ったものにウルシをぬったもの、最近ではプラスチックのものなどもある。個《こ》人専用《じんせんよう》というのは日本独特だ。

カンボジアの市場で見かけた焼き物の店。アジアにもさまざまな種類の焼き物がある。

最近では使い捨てのような安いものもふつうになったが、陶磁器はもともと貴重品で大事にされた。京都

こんな形の食器も。魚に魚を盛る？　タイ

かつて宮廷で使われていたもの。今でも非常に高価だ。タイ

バナナの葉。適当なサイズにして売る。カンボジア

持ち帰りの料理は葉っぱに包んで。マレーシア

このようにして皿にする。南インド料理の店。

インドでは銀やステンレスなど、金属の器を使うことが多い。熱い料理はあまりないからか。

春雨を器の形に揚げて盛りつけ。台湾

キャベツをくりぬいたこれも食器？　タイ

竹をあんだ器は主食のもち米用。東北タイ

バナナの茎の部分も器に使われていた。フィリピン

トウガンにスープを入れて蒸す。器も食べる？　大阪

料理する

静けさの中、お経《きょう》を読む声と包丁で刻《きざ》む音だけがひびく。ベトナムの尼寺《あまでら》

人間とは料理をする動物である。一部のサルが塩味をつけて食べていた例もあるが、肉や植物に加熱したり、酢《す》でしめたりしてもとの状態《じょうたい》から変化させて食べる動物はほかにいない。もともとは山火事の後などに、焼けた動物やイモなどを食べてみて、おいしいことを発見し、それから火を用いて料理するということをヒトは覚えたのだろうか。場所により、人により、同じ材料でも料理の仕方で、違《ちが》うものにしてしまう。それが、人間の文化ともいえる。

タイの貴族の館に残された百年以上前の料理の様子を示す絵。バンコク

切る、つぶす

材料をばらばらにしたり、食べやすい大きさに切り分けることから料理ははじまる。そのためにさまざまな道具が用いられる。すりつぶしたりすることも多く、特《とく》にインドや東南アジアでは、それが料理の大事な部分をしめている。料理のどの部分が大事か、文化によって違《ちが》うようにも思うが、日本料理では特に切るところに神経《しんけい》が使われ、繊細《せんさい》だ。

大きな魚を解体するためには専用の包丁がある。熟練していないと使いこなすのがむずかしい。八戸の市場

小さいナイフもよく使われるのがヨーロッパ。

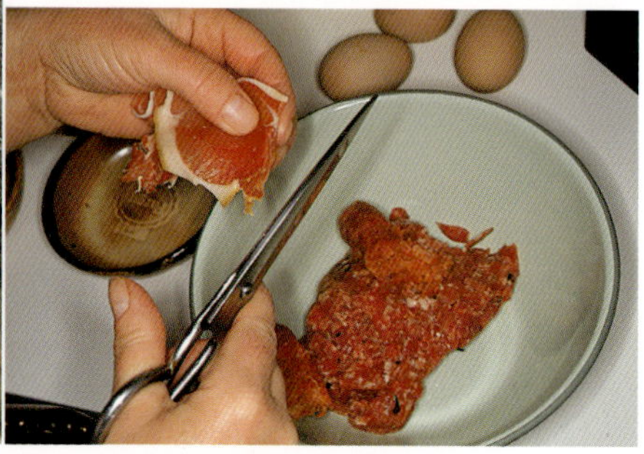
欧米ではハサミも料理によく用いる。

大きな中華包丁と大きなまな板は東南アジアまで。

小さく刻むためにこんな包丁も。エジプト

ココナツの果肉を削りとる専用の道具。マレーシア

欧米には専用の細かい道具がある。

まな板を使わないところも。インド

ぬるぬるとしたアンコウは、つるし切りという方法で。能登

調味料や香辛料など合わせてすりつぶし、味を作る。それが東南アジアの料理では重要。タイ

インドでもスパイスの調合が重要。カレー用に毎回すりつぶす。

木と石のすり鉢がある。

この巨大なすり鉢も家庭に。インド

和えものを作るのもすり鉢の中で。タイ

タイ風カレーもすり鉢から。

豆をつぶす電動の道具。エジプト

平たい臼でもつぶす。インド

煮る、焼く、揚げる

煮《に》る、焼く、炒《いた》める、揚《あ》げる、蒸《む》す、ゆでるなど、さまざまな加熱の方法を人は工夫してきた。同じ焼くでも、直火で焼くのもあれば、オーブンのようにまわりの空気を温めて加熱する方法もある。フライパンに油をひき、焼くのもある。蒸す料理はアジアに特徴的《とくちょうてき》で、オーブン料理はヨーロッパに特徴的という具合に、地域《ちいき》による違《ちが》いもある。

七輪に中華鍋で炒める。タイ

直火で焼くのはやっぱり炭火。タイ

砂糖をのせて上から加熱。スペイン・カタルーニャのプリン。

暖炉も囲炉裏と同じく料理にも用いられる。フランス

蒸し器の上に米の粉を溶いたものをのせて蒸す。独特の食感。乾燥させたら春巻きの皮。

油で揚げる調理法もあちこちにある。ミャンマー

炭火で魚を焼く。能登

串焼きも各地に。マレー式サテ

タンドールはオーブン。インド

鉄板の上に油をひいて焼くのもあちこちに。チリのステーキ屋。

土や石を熱して、その中で蒸し焼きにする調理法。中国式だが、南太平洋にも。

東南アジアには、日本同様、揚げる調理法はなかったが、今ではふつう。

くん製にしながら熱するという調理法。アメリカ

蒸すのは中国などアジアに特徴的な料理法。

煮るのはどこでもあるが、火の通し方が文化で違う。

鉄板で焼くパン。インド

インドも油で揚げる調理法が多い国のひとつ。揚げ菓子作り。

市場のあちこちで料理する火が見え、おいしいにおいが。ベトナム

なべ料理

日本で鍋《なべ》という料理法は、それほど古くからはなかったと思われる。それぞれのお膳《ぜん》で食べるのがふつうだったし、火を食卓《しょくたく》に持ち込《こ》むという発想がなかったからだ。江戸時代ころから小さな七輪が作られるようになり、ドジョウ鍋や湯豆腐《ゆどうふ》のような鍋料理も、それからじょじょに広まったようだ。テーブルが生活の中に入り、ガスのコンロも普及《ふきゅう》し、食卓に持ち込めるようになって、今のようにふつうになった。日本だけでなく、アジアの多くの国でひとつの鍋を囲む食べ方は好《この》まれる。いっしょにつつく楽しさからか、好《す》きなものが食べられるからか。アジア以外ではあまり見ることはなかった。チーズをとかして食べる、スイスのフォンデューぐらいだろうか。

日本と同じ「箸の国」、ベトナムでもさまざまな鍋があり、好まれている。箸は鍋にあった道具だからか。

正月には家族が集まって、鍋を囲むのが習慣だという。シンガポールの中国人家庭。

ふたつのスープで違う味を楽しむ。アワビやカキなどのぜいたくな鍋。オーストラリアの中華料理店で。

鍋といっしょに麺を楽しむ発想も同じか。ベトナム

鍋が煮えるまで左においてある料理をつまんでまつ。台湾のシーフードの鍋

魚といっしょにパイナップルが入って酸味がある。ベトナム

真ん中に炭が入る鍋のスタイル。もともとは中国のもの。

「タイスキ」と呼ばれるタイの鍋。すき焼きからきているが、しゃぶしゃぶに近い。好みのものを。

タイでもこのスタイルの鍋が今では広まっている。

たっぷりのじゅんさいと鶏を入れた秋田の鍋。

旅館のメニューでも小さい鍋をつけるのは定番だ。

一度ゆでてスライスした牛肉をスープで煮る韓国の鍋。

フグも鍋の定番。たっぷりの豆腐や野菜と。下関

トウガラシたっぷりの韓国の鍋。ご飯を入れたりする。

酢の入った鍋でしゃぶしゃぶのようにして。ベトナム

インスタント食品

料理をすることは、かつてはたいへんに時間のかかる労働だった。それを簡単《かんたん》にできないかとずっと考えられてきた。そうしてさまざまな料理の道具が考えられたし、食材の方からの簡単に、という答えがインスタント食品だった。ちゃんと料理をするのと比《くら》べると、問題もあるけれど、料理が簡便になり、食べものの幅《はば》も広がり、暮《く》らしを変えた。

スペインのスーパーで買い集めたインスタント食品。国によって種類の多いところとそうでもないところがある。スープや麺類が比較的簡単に受け入れられるようだ。

アメリカでもインスタントラーメンは当たり前。

アジアの多くの国でもインスタントは当たり前。

イギリスにあったカレー。冷凍食品が多く、ご飯がついている。

ドイツにもめずらしいものが。

パスタ用のソースがインスタントになっていた。イタリア

びんづめ、缶づめが最初に作られたインスタント食品。それが今や……。

ふつうの麺のように、インスタントラーメンが裸のままで。中国・福建省

日本にいても、アジアのインスタント食品が買えるような店も。

日本の発明、インスタント麺は台湾でもこんなに。

種類の多さは日本と変わらない。アメリカ

韓国にもレトルトのカレーなどがいろいろとある。

具の多いスープの感覚で食べられている。アメリカ

ご飯と混ぜると、サラダになるびんづめ。イタリア

すぐ食べられるものがコンビニにあるのも同じ。台湾

食べる

食べることは、もともと成長したり、生きていくためのエネルギーを得《え》ることだ。それは人間もほかの動物も変わらない。ただ人間は、「もっとおいしく食べたい」、「もっと楽しく食べたい」と考えたのだろう。そこから、料理がはじまったのだろうし、食べものを提供《ていきょう》する店などというものも生み出されたのだろう。食べる道具や、食べ方の約束《やくそく》ごとも作られた。さて、みんなはどんなところでどうやって食べているのか、見てみよう……。

アジアの市場では、どこでも食べもの屋の集まる一角があり、売り買いの人びとでにぎわう。

食べる［Ⅰ］

屋台が楽しいのは、その国の人たちのものだからだ。高級なレストランなどでは、外国人向けに辛《から》さやクセをひかえた料理を出したりする。しかし、屋台は土地の人たちがお客だから、土地の味を楽しむことができるし、おまけに安い。国によって、屋台は酒を飲むところと、食べるところに分かれるようにも思われるが、どっちも楽しい。

市場を歩いていると、いいにおいがただよってくる。つられて歩いていくと、こんな店が。これはもう、食べるしかない。カンボジア・プノンペン

たまにはこんなところも。タイ・プーケットのリゾートホテルのレストラン。

デパートの地下の屋台街。フィリピン・マニラ

団地の一階は屋台の集合体。シンガポール

ホテルのレストランなどは、ビュッフェ形式が多い。フィリピン

自転車の荷台がそのまま屋台。インドネシア・ジャカルタ

外食が盛んなのはなんといっても中国人の社会だろう。台湾・台北

料理を全部出され、食べた分だけ払う。インドネシア

社員食堂はビュッフェ形式。マレーシアの工場

日本での屋台は酒を飲むところ？　福岡

市場の片すみで麺を。東北タイ

駅前は屋台街だった。ベトナム

舟の上の屋台。客は陸に。タイ

カラフルなフィリピン式屋台。

食べる［Ⅱ］

昔《むかし》のヨーロッパの王や貴族《きぞく》の館では、料理人を雇《やと》っていた。ところが国の仕組みが変わり、王や貴族がいなくなると、料理人は職《しょく》をなくした。だが、雇ってくれるところはない。そこで、多くの人に来てもらい、食べた分のお金をもらう店を開いた。それがレストランのはじまりだ。そうして、ごちそうの作り方も広まっていった。

大金持ちの館だったところが、今はホテルになっている。この昼食を食べる部屋（もとは働いていた人たちの食堂）のほかにも、夕食のための立派な部屋があった。チリ

気軽に食事を楽しめる店。スペイン・バルセロナ

ホテルで気軽にごちそうを食べられるビュッフェ。

ヨーロッパでも市場で食事ができる場所はある。サンドイッチのようなものが多い。スペイン・バルセロナ

昔ながらの建物をそのまま利用したレストラン。フランス・ブルターニュ

「屋台はある？」と聞くと案内してくれたのがここ。立ち食いの料理。チリ

ヨーロッパで気軽に食事ができる場所は、このようなスタイルのお店。

列車の中にもレストランのような車両が。オーストラリア

景色も料理のおいしさのうち？　オーストラリア・シドニー

ヨーロッパでは外にテーブルを出して、そこで食事を楽しむのが好まれる。

ごちそう

日本人にはごちそうに思われる魚の活《い》き作りを、外国人の友だちに食べさせたら、姿《すがた》のままの魚なんて気持ちが悪いといった。反対に多くの国でごちそうの、豚《ぶた》やウサギや羊《ひつじ》が姿のままで出てくると、多くの日本人は気持ちが悪いという。感覚の違《ちが》いだが、どちらにしても、姿のままの豪勢《ごうせい》な料理がごちそうという感覚は古くからあったようだ。祭りとか、客がきたときにしか食べられないものだったからだろう。そんな感覚は今でも残っているということだが、ごちそうと思うものもずいぶんと変わってきている。昔《むかし》は肉や魚を食べられるだけでごちそうと思ったのに、今ではだいぶ変わったでしょう？わたしのごちそうを並《なら》べてみたけど、あなたのごちそうは？

中国やオランダなどの影響を受けてできあがった長崎のごちそう、しっぽく料理。

もともと韓国の宮廷で食べていたという料理。今では店で。

野菜もきれいに切ってあるタイのごちそう。

カレーでもこんなごちそうが。インド・ムンバイ

沖縄の国王が食べていたようなごちそう。那覇

ベトナムの高級なレストランのごちそう。

ナプキンまでおしゃれして……。タイのホテル

器にまで気を使うのが高級なお店。京都

松阪牛のステーキに伊勢海老のスープ。志摩

中国は地方によってごちそうも違う。浙江料理

東洋と西洋の出合いの料理。オーストラリア

フランス料理は飾りつけも料理のうち。

見ているだけで味を思い出して行きたくなる……。

ビュッフェに並んだごちそう……。ブルネイ

西洋料理ではデザートも料理の一部。

イチジクとアイスクリームのデザート。うふふ。

手前に見えるお茶のポットのようなもので、手を洗うことから食事がはじまった。シンガポールのマレー系の一家の食卓。

手で食べる

フォークやナイフ、箸《はし》を使わないで、手で食べる人、あるいは国は、文化が遅《おく》れているといえるのだろうか。手で食べる方法を教わった。そのことによって、「手で食べるマナー」があることがわかった。道具を使うという発達もあれば、手による食べ方の洗練《せんれん》という発達もあったということだ。食べ方も文化なのだ。

カレーなどの料理を盛った器からは、スプーンで取り分ける。食べるときは、手で。手で食べものを触る、その触覚も楽しんでいるということだった。

小さい時から教えられるので子どももじょうずだ。

手がフォークのようになって、ご飯を集め、

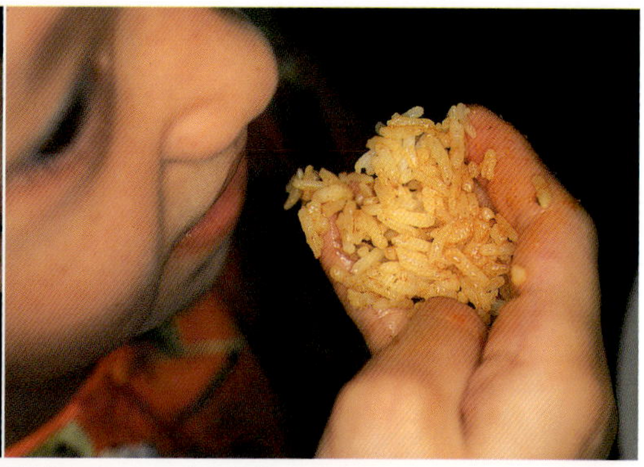

手がスプーンのようになって、口へ。

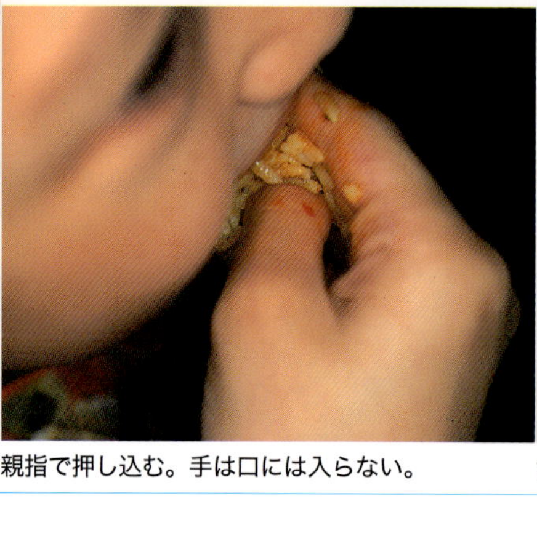

親指で押し込む。手は口には入らない。

食後もちゃんと手を洗って……。道具は市場でふつうに売っていた。

インドの人に教わった正しい食べ方。

スプーンで取り分けた料理をよくご飯と混ぜる。

指先を使って、集める。

こんな感じでつまむ。

そして、口の方に持っていく。

口に入れる。やはり、親指で押し込む感じ。

チャパティは、人差し指で押しながらちぎり、

チャパティの中にカレーなど入れるようにして食べる。

ここまでしか汚れない。「あっ、使うのは右手、ね」

食べ方いろいろ

手で食べるところは、インドを中心にした南アジアと東南アジアの一部、そしてアフリカなど。フォークとナイフを使うのは、ヨーロッパとヨーロッパから渡《わた》った人びとの住むアメリカやオーストラリアなど。そして箸《はし》の世界が、日本や中国などの東アジアだ。それも細かく見ていくと、またいろいろな違《ちが》いがある。ほんとうに世界は多様なのだ。

箸の国の中でも、中国は昔から同じテーブルでいっしょに料理をつついたからか、箸が長め。

ベトナムは箸の国だが、スプーンもよく使う。

東北タイなどもち米が主食のところは、やはり手で食べる。しかし、左手のタブーはない。

サンドイッチは欧米の手で食べる食べ方だ。

タイなどはフォークとスプーンを使って食べる。

フォークの世界は道具が細かく分かれる。これはカタツムリ専用の道具。

②スープにご飯を入れるのもふつう。器は持ち上げない。

日本と同じ箸の国と思われている韓国も、よく見ると違う。①ご飯とスープはスプーンで食べる。

③持ち上げたら、下に手を。

④ご飯だけのときもスプーンで。

⑤のりで包んで食べるのは箸で。

⑥おかずをつまむのは、もちろん箸。

⑦その時もやはり、下にはこぼさないように手を。

どれだけ食べた？

今の大きさになるのに、今の体ができあがるのに、人はいったいどれだけ食べたのだろう？　ふと、そんなことを考えた。一年間にどれだけの米や肉、野菜などを食べているのか、統計《とうけい》で調べて、計算してみた。そうしたら、びっくりするぐらいたくさん食べていることがわかった。あれっ、それにしても、私たちはどれだけ出しているのだろう？

6歳になるりょう君がこれまでに食べたお米は、いったいどのくらいなのだろう？

これだけ。お米、130キロくらい。そのお米はだいたい後ろの田んぼぐらい。

これまでに食べたご飯がぜんぶ回転寿司だとしたら、これまで何皿食べたことになるのだろう？

38歳のお母さんは、これまでにアジだけで百キロくらい食べた。

今日の朝ご飯はトーストにサラダにハムエッグ。今までパンをどれだけ食べた？

このようなパンを６歳までに60個近く食べている。

食べた量は、各種統計資料をもとに一人当たりの消費量を算出しました。米や肉など子どものときの消費量が少ないものは、その分を割り引いています。

卵は？　これだけ。2000個以上。目玉焼きで食べていなくても、ケーキやマヨネーズに入っているから。

ハムの原料の豚は？　この一頭の半分ぐらい。

給食、600人分のおひたし。ひとりなら600回分。

サラダのキャベツが6年間でこのくらい。あれ、ニンジンとピーマンも？　食べていないつもりだったのに。

インスタントラーメンは？　ひとり平均、50個くらい。大学生なら倍は食べている？

お父さんのビールは一年に平均20リットル。もっと？

食卓の風景

人と物であふれかえるベトナム・ホーチミンの市場の食堂。この人たちにとって、この麺は日常なのか、特別なのか。

仏教国《ぶっきょうこく》ミャンマーでは、僧侶《そうりょ》になることが成人の儀式《ぎしき》のようなものである。その特別《とくべつ》な場のごちそうに、麺《めん》が登場した。あれっ、こんな屋台で食べるようなものをと思ったが、いつも家で食事をしている人や、ご飯ばかり食べている人にとっては、それは特別なごちそうだった。思えば、屋台の気軽な食事も、たまに町に出てくる人には特別なごちそうなのだろう。食卓《しょくたく》にはさまざまな人生の表情《ひょうじょう》、時間がある。

食卓の風景［Ⅰ］

結婚式《けっこんしき》、正月、祭り、そんな特別《とくべつ》な日、人びとは特別なごちそうを作って、食べて祝《いわ》う。いつもは大事に育てている豚《ぶた》を殺してごちそうにしたり、なけなしのお金を使って特別な菓子《かし》を作ったりする。それはどこにおいても同じだ。ふだんと違《ちが》う特別な日であることを、食卓《しょくたく》の上の食べもので実感し、うれしさを食べものであらわすのだ。

中国人の結婚式がいちばん派手かもしれない。なにしろ、友だちの友だちという見ず知らずの人の結婚式にだって、何度も呼ばれ、ごちそうになったくらいだから。

宗教とからんだ祝いの食卓も多い。熱心なキリスト教徒の国アイルランドでは、洗礼の儀式が終わった後はパブに集まる。子どもたちには特別なごちそうがある。

何頭も豚が料理されていたのは、結婚式のごちそうだった。フィリピン

豪快な宴会が好きな高知では、新築の祝いでもこんな立派なごちそうになる。

タイの正月、水かけ祭りでは、寺院に集まりごちそうを。

祭りの日、特別なごちそうを神様に。与那国島

特別な祭りの日には、特別な菓子を食べる習慣も多い。七五三の千歳飴もそうだ。

食卓の風景［Ⅱ］

ひとりだけではなく、ほかの人といっしょに食べることは楽しいことだ。食べることの楽しみを分かち合うことなのだ。さまざまな国でさまざまな人たちといっしょに食事をしながら、そう思った。イギリスや昔《むかし》の日本などのように、「食べる時に話してはいけない」というところがあった。しかし、イタリアやスペインなどは、昔から、じっくりと時間をかけ、食べながら話すことを楽しむという感覚だった。今はどの国の人でもイタリアなどのように、食べることを楽しもうという方向に進んでいるようにも思われる。イギリス人の末裔《まつえい》の国オーストラリアで、食事をともに楽しみながら、特《とく》にそう思った。生きていくためのエサではなく、食べることを楽しみたいのだ。

ワイナリーの庭で開かれるコンサートの日、人びとは思い思いに料理を持ち寄り、楽しむ。オーストラリア

スペイン人は食事を楽しむ人びとだ。昼がごちそうで、夜は軽くといいながら、夜にこれだけ飲み食いする。

自然の豊かなオーストラリアはピクニックも楽しい。

台湾の少数民族アミ族の人びとは、近くでつんだ野草や、小川でとった魚などを持ち寄り、庭先で食事を楽しむ。きな粉をつけた餅と刺身がごちそうだ。

同じ台湾でも漢族（中国人）の食卓。「非情城市」という有名な映画の舞台になった、日本の植民地時代の古い町並みが残る基隆郊外の古い民家で。

食卓の風景［Ⅲ］

ヨーロッパの食卓《しょくたく》で、日本といちばん違《ちが》うと思ったのが、とにかくひとつのものを大量に食べることだった。ある程度《ていど》まとまった量を食べないと、味わった気にならないのだろうか。そして、食べるときと食べない時の差が極端《きょくたん》だ。食いだめがきくのではと思ってしまう。家族といっしょに食事をすることをたいせつにするのは、ヨーロッパ共通だ。

一度に料理が登場するわけではないヨーロッパ式の食事では、ひとりで食事をするのが特につらい。黙々と食べるしか……。

「おかわりたくさんあるから、いっぱい食べて」。具だくさんのスープの後も。スペイン

ふたりの小さい子どもとの食卓でも、ごらんのような量の野菜。オランダ

仕事の合間の軽い食事はサンドイッチ。でも、ワインはしっかり……。スペイン

パトロールの最中にクレープなんかつまんでいていいのかな？　フランス

暖かい日はテーブルを庭先に出して、ワインも開けてのランチ。オーストラリア

「ふたりだけの食事だし、食べるものは一度に全部出してしまう」。オランダ

パスタに魚の軽い昼食でも、ワインだけはかかさない。イタリア

「君が来たからシャンパンを開けるけど、食事時はふだんは飲まないな」。アイルランド

何気ないレストランの窓辺でも、そこに楽しそうに談笑する姿や、おいしくて幸せという表情があると、つい入って食べてみたくなる。おいしいものがあるに違いないから。

食卓の風景[Ⅳ]

アジアの食卓《しょくたく》が、もっとも驚《おどろ》きがあった。「同じ米の飯を食べているのだから」似《に》たようなものだろうという思い込《こ》みがあったからなのだろう。違《ちが》って当たり前と思われるヨーロッパやアフリカなどよりも、日本との違いに驚いてしまったのだ。しかし、「いっしょに食べない？」と誘《さそ》われると、くつろぎ、楽しんで、おいしいのもアジアだった。

ふだんはタイと同じで、スプーンとフォークの食事だが、麺を食べる時だけは箸。近くの屋台からとってもらった出前を、おばあちゃんと食べる。カンボジア

団地のダイニングキッチンで。シンガポール

公園に家族でピクニックのお昼。インド

床の上に料理を直接おいて、家族で分け合う。タイ

お坊さんたちが食べてから、集まったみんなも食事……。タイ

お坊さんになったら、我が子も特別な存在。ご飯を食べていただく。ミャンマー

暑い日は風が通って気持ちいい木かげにゴザを敷き、料理を広げる。東北タイ

ご飯だけは自分の茶わん。料理は家族、同じ皿からつまむ。ベトナム

「たまにはぼくたちだけで、お店で食べてもいいでしょう？」。ベトナム

年中暑いカンボジアでも、風通しのいいところにテーブルを出して。

寒いヒマラヤでも日ざしのいい日は外に出て食事。

生春巻きの皮に好きな料理を包んで。ベトナム

おかずを大きな器から取り分けるのはインドも同じ。

食卓の風景［V］

「近くて遠い国」という言葉がある。「近いはずなのに、なかなか理解《りかい》し合えない」というような意味で韓国《かんこく》と日本の関係をいうけれども、食卓《しょくたく》の風景をながめていても、そのようなところがあるのかなと思ってしまう。近しいだけに、わかっているような気になって、誤解《ごかい》したり、違《ちが》いをよけいに大きく感じたりするのではないか。でも、家庭の食卓や田んぼでの昼食をいっしょに食べると、違いを違いと認《みと》め合えたら理解もできるのかなと思った。中国も同じだ。巨大《きょだい》な国だけに、食は場所によって大きく違うが、違っていることと同じであることをそれなりにわかれば、もっと理解できるのではないかと、食べながら考えた。いっしょに食事をすると、見えてくるものがある。

韓国・ソウルの家庭でのホームパーティ。ところ狭しとごちそうが並んだ。

韓国の家庭でのふつうの食事。キムチや保存食品がいっぱいで、それだけでも豊かな気分。

田植えの昼食。近所がみんな集まり、一軒ずつ順に植えていく。その日の昼食はみんなに植えてもらっている家の人が用意する。いっしょに食べようと誘われた。韓国

北海道・阿寒湖畔のアイヌの一家の夕食。山から採ってきた山菜が並ぶ。日本も地方による差は大きい。

山仕事の合間の食事。もち米とおかず。中国・雲南省。

雲南省の少数民族、タイ族の食事。同じ民族であるラオスや東北タイの人びとの食事と似ている。

ご飯を外に持ち出して……。中国ではめずらしくない風景。福建省

ちゃぶ台のような台は韓国ではおなじみのもの。テーブルに変わりつつあるが。

孫たちの子守をしながらそうめんのような麺のお昼。福建省

朝食

朝食ほど感覚の違《ちが》うものはない。たとえばイギリス。こんなにしっかり食べるの？　と驚《おどろ》くぐらい豊かだ。朝食で一日働くエネルギーをとろうという感じだ。フランスやイタリアなどは、軽くパンにコーヒー程《てい》度《ど》。楽しいお昼までお腹《なか》がもてばいいという感覚だ。アジアの国ではだいたいしっかり食べるけど、場所によっては軽め。さて、君は？

このほかにもパンやオートミールもたっぷり。肉も食べる。北アイルランド

クロワッサンとコーヒー、ジュースだけ。フランス

アメリカのインスタントの朝食。レンジでチンでできあがり。

オランダもイギリスのようにたっぷり。でも、冷たいもの中心。

オリエント急行の中の朝食。コーンフレークなど。

ホテルのビュッフェの朝食。パンもいろいろ。タイ

オーストラリアもイギリスのようにしっかりした朝食。

タイのホテルのタイ式の朝食。肉など具の入っているおかゆに、さらに好みのものをのせて食べる。焼きそばもあるし、ほかにもいっぱい……。

韓国の朝食。キムチや保存食が中心だが、温かいスープやチゲがついている。

マレーシアの列車の中で売っていた朝食。

インド式の朝食。卵の入ったロティをカレーにつけて。

洋風のようだけど、ご飯がいっしょ。フィリピン

シンガポールの中国式朝食。漢方薬入りの煮込み。

いわずと知れた日本の朝ご飯。能登

昼食

朝食が軽い国では、昼にしっかり食べる。スペインなどでは家族は皆《みな》、会社や学校からもどって、一時間も二時間もかけ、一日でいちばんのしっかりした食事を楽しむ。朝食をしっかり食べる国では、だいたい昼食は軽い。会社のそばでサンドイッチなどですませたり、麺類《めんるい》を食べる程度《ていど》だったりする。どの食事を大事にするかという感覚が違《ちが》うのだ。

インドではお弁当を家から仕事場に運ぶことを仕事にしている人たちがいる。筒状のものが弁当。

好みの具を好みのパンにはさんでサンドイッチにする。イギリス

ピザやハンバーグも世界中でよく昼に食べられる。チリ

ヨーロッパで軽い食事といえば、サンドイッチ。

エジプトでもこんなパンに具をはさんで昼食に。

弁当の中には巨大な肉のかたまりが。アルゼンチン

会社に弁当を持ってきて、レンジで温めて食べるというスタイルは台湾ではめずらしくない。

好みのおかずをのせてもらって弁当に。台湾

台湾の人たちの弁当。前の夜のおかずが多いという。あっ、これは三人のもの。

上のような店でつめてもらうとこんな感じ。台湾だけでなく、香港や中国でも。

虫が入らないように弁当は木の上に。フィリピン

ミャンマーのOLが持ってきていた弁当。

韓国の仕出しの弁当。やっぱりキムチたっぷり。

台湾の店の弁当。おかずはご飯の上にのせる。

給食

給食は、第二次世界大戦が終わったばかりの食べるものが不自由な時代に、せめて一日に一回はちゃんと子どもたちに食べさせようとはじまった。今、豊かにはなったが、家でちゃんと食べない子どももいるから、別の意味で給食が大事な食事になっている。世界を見ると、弁当《べんとう》の国、家に食事にもどる国、申し込《こ》んだ人だけ給食を食べる国などいろいろだ。

スペインの学校の給食。欲しいものをたのめる。でも、おばさんは野菜を食べなさいって……。

給食専用の部屋があって、下級生から順じゅんに食べている。

昼休みが二時間あるから、半分くらいの子どもたちは家へ食事に。

今日のメニューはハンバーグ。チーズをのせたものか、そうでないかは子どもの好みで。スペイン

もちろん、食べるのはフォークとナイフを使って。

百人分、二百人分の料理をまとめて作る。大仕事だ。日本

日本の学校は給食当番が運んで配るというところが多い。こぼさないように……。

うーん、おいしい、おいしい。日本

給食はみんなで食べるからおいしいのかな。たくさん作るからおいしいのかな。日本

かた焼きそばにアンニン豆腐。

混ぜご飯に竹輪の揚げもの、おひたし。

海辺の遠足も給食を食べて……。タイ

駅弁

列車の旅の楽しみのひとつが駅《えき》弁《べん》。明治時代に最初に売られたものは、おにぎりが二個《こ》にたくあんが二切れ、竹の皮に包んであったという。それが、今では日本全国に名物駅弁があるという具合になった。でも、日本のように駅弁の種類が豊富なところは世界にないように思う。ヨーロッパではサンドイッチなどが駅や車内の売店で売られているくらいで、列車の食堂で食べることが多い。その食事はちゃんとしたディナーだったりする。アジアでは駅弁といえるものをたくさん見つけ食べたけれど、地域の名物駅弁というようなものがあるということはなく、どこの駅でも似《に》たようなものだった。駅弁は、弁当という発想が豊かな日本の楽しみかもしれない。

タイの列車では、駅に着くたびに物売りが寄ってくる。弁当のほかにジュース類や菓子、果物なども。

以前、タイの駅弁はバナナの葉に包んであった。今は日本と同じ。

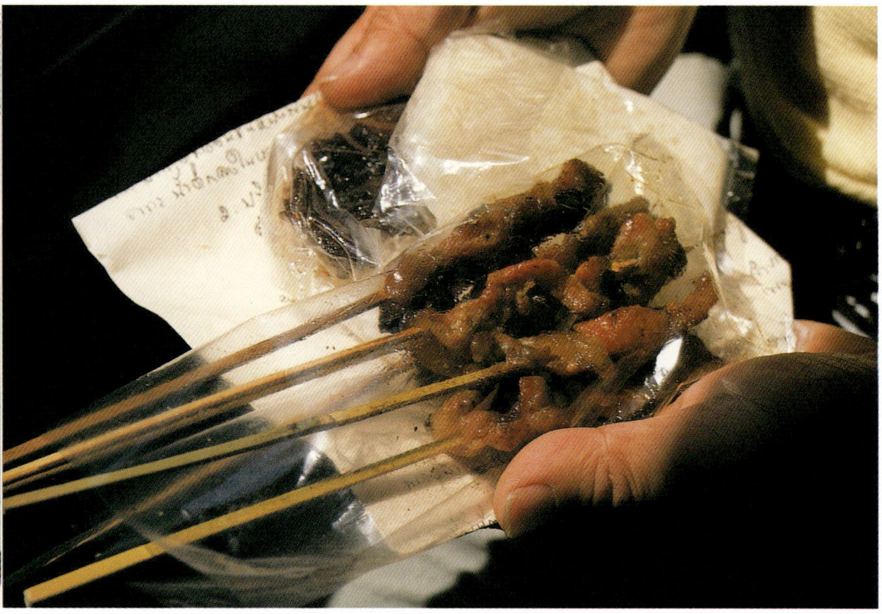

これもタイの駅弁。焼き鳥の串と蒸したもち米のセット。東北タイのスタイル。

マレーシアの列車では、弁当売りが車内を売って回る。種類は四つほど。

日本の駅弁にいちばん近いものがあったのは韓国。まるで幕の内弁当のよう。

台湾の代表的な駅弁がこれ。骨つきの豚肉とゆで卵を煮たもの。

駅弁の楽しみは土地の名物。これは鹿児島名物の黒豚弁当。

マレーシアの駅弁のひとつ。炒飯、ナシ・ゴレン。

日本の駅弁の楽しみはその土地の味を探すこと。

下関にいったら、やっぱりフグの弁当があった。

半径100メートルの飲食店

どれだけの食べもの屋が、ぼくらのまわりにあるのだろう？　近くの池袋《いけぶくろ》の駅からサンシャインシティーのあたりまで半径《はんけい》百メートルくらいの場所を歩きながら、目に入る店の写真を撮《と》った。でも、ビルの中にも店があるだろうし、夜になったら酒の店も開くだろう。コンビニもある。これからどうなるのだろう？　家の台所はなくなる？

あいくれーぷ

この他にも麺類・ご飯物・一品料理・多数ございます 店内のメニューをご覧下さい
ライスの大盛
麺の大盛
冷し中華

味の

¥800 3Fグリル
TAKASE

曽路
わっぱめし
うな重
セット 1200

飲む

飲むことは、のどの乾《かわ》きをいやすこと。いちばん簡単《かんたん》な栄養の補給《ほきゅう》の仕方でもあるが、それだけではないようにも思う。お茶やコーヒーを飲むことは、ホッとするひとときを持つことだし、ジュースなどを飲むのは楽しみでもある。そして、酒を飲むのは、その味ばかりでなく、酔《よ》うことを楽しむことでもある。結局は何《なに》を飲むにしても、飲むということは楽しむということなのだろうか。

いつから続いているのか。古い町並《まちな》みの古い喫茶店《きっさてん》。エジプト・カイロ

彩《いろど》りも鮮《あざ》やかなオレンジを大量に並《なら》べ、そのまましぼってジュースに。バルセロナ

茶

朝、コーヒーや紅茶を飲むと、スッキリと目が覚める。疲《つか》れた時、食事の後、お茶を飲むとホッとする。昔《むかし》、コーヒーやお茶は薬として用いられた。その中にスッキリさせたりする成分があるためだ。やがて、それは「嗜好品《しこうひん》」として楽しまれるようになった。お茶はもともと中国の原産だが、それが世界中に広まった。西洋に伝わって、砂糖《さとう》やミルクなど入れて飲むという方法もはじまった。コーヒーはエチオピアの原産で、アラブの人びとの手を経《へ》て世界中に広まった。今ではほかにもさまざまな飲みものが楽しまれている。

エジプト・カイロの街で見かけた「お茶屋さん」。コップで売る。人間自動販売機という感じか。

中国・上海の昔からあるお茶の店。ウーロン茶などさまざまな中国茶の中から、好みのものを注文し、ゆったりと談笑しながら楽しむ。時がゆっくり流れる……。

中国のカンフー茶の入れ方。

少しずつ味わう中国茶・ウーロン茶。

日本の茶畑。お茶は基本的に同じ種類だが、発酵させると紅茶、させないと緑茶。中間がウーロン茶など。

食べるためのお茶もある。タイ

紅茶を飲む習慣は、イギリスから広まった。ミャンマー

ハーブティーをオリエンタルホテルで。バンコク

モスクでの礼拝の後、いっぷく。マレーシア

薬のような茶もいろいろ。韓国の喫茶店。

ジュースの類ものどの乾きをいやす楽しみ。

紅茶とケーキはセットで楽しむ。ミャンマー

南アメリカのマテ茶と呼ばれるもの。独特の道具で。

酒

アルコールをふくんだ飲みものが酒。もともとの酒には、酔《よ》ってふつうの状態ではなくなることで、神様と交わるという宗教的《しゅうきょうてき》な意味があったらしい。やがて、おいしい、酔うのも楽しいということで飲まれるようになったようなのだ。今や、世界中でさまざまな酒が造《つく》られ、飲まれているが、イスラム教など宗教によっては、酒を禁《きん》じているところもある。

酒はブドウなどの果物、ハチミツやサトウキビなどのように糖分のあるもの、あるいは米、麦、イモなどから作られる。菓子と同様、ほとんど植物の結晶なのだ。

さまざまな酒を混ぜるカクテル。シンガポール

世界中でもっとも飲まれている酒がビールだろう。

ワインの産地はブドウ栽培に適した温帯地域に限られる。

見渡すかぎり、ワインになるブドウの畑。チリ

酒を飲む場所はいろいろ。食事をしながらもあれば、酒を飲むことが中心の場所、バー・バル・パブなども。

焼酎に似たものが家庭で作られていた。ヒマラヤ

日本酒は米から。発酵で独特の香りがただよう。

ウイスキーなどは蒸留酒。理論は右上の焼酎と同じ。

樽から直接注ぐ。シードル(リンゴ酒)。スペイン

ワイン

たとえばリンゴを置いておくと、やがてはドロドロにとける。微生物《びせいぶつ》が分解《ぶんかい》してしまうのだ。それを腐敗《ふはい》というが、人間に有用なものに変化する「腐敗」を、発酵《はっこう》と呼《よ》ぶ。チーズや塩辛《しおから》ができるのも、そして酒ができるのも発酵のおかげだ。ブドウのしぼり汁《じる》の中にふくまれる甘《あま》さ（糖《とう》）が酵母《こうぼ》という菌《きん》の力でアルコールに変化したものがワインだ。

温度が一定した蔵で、樽につめられたワインは熟成し、樽の香りを身にまとう。キリスト教ではワインは「キリストの血」という特別な意味を持つこともある。チリ

ちゃんとできているか、樽から出して。

大規模に作られるブドウは機械で収穫。

高級なワイン用は手で摘む。オーストラリア

ブドウをつぶすタンクに。アルゼンチン

もともと足でふみつけてつぶしていた。

やがてブドウ汁は発酵してガスと香りを出す。

昔は馬の力でしぼった。今は電気の力で。

この巨大なタンクの中にワインがいっぱい。

できあがったワインは機械でびんにつめる。

高級なものは長く寝かせて味をよくする。

水

よくできた酒のことを「水のようだ」という。水のようになめらか、ということだが、結局は人間が工夫の限《かぎ》りをつくしたものが、水に帰っていくということなのだろうか。そういえば、人は母親の体の中の、羊水《ようすい》という水の中で育ち、死ぬときも「末期《まつご》の水」を口にする。水にはじまり、水に終わる。人がほかの動物と違《ちが》う道を歩み、文明を作り上げていったのも大河《たいが》のほとりである。人は水なしには生きていけない。というわけで、この「食べもの記」の長い旅も、水で終わりにしたい。かつて、水は空気と同じように、ただで身近に当たり前のようにあるものだった。それを買って飲むようになってきたということは、何《なに》を意味するのだろう。食はどう変わるのだろう。

京都を流れる鴨川の源流のひとつが、志明院という寺にある。雨が土にろ過され、わき出てくる。自然がくれた清らかな水。

ミャンマーの町中では氷水が売り物になっていた。

日本の山からわき出た水、世界中の名水、そして深海水の塩分をぬいたものまで。水は買って飲むものに……。

ごちそうさま。

あとがき

一年にどれだけの写真を撮っているのか。考えるのも恐ろしい話なので、計算などしたこともなかったのですが、改めて考えてみると、どんなに短い旅でも一度に三十六枚撮りのフィルムを二、三十本、長い旅だと、百本や二百本持っていって、撮りきってしまいます。それを年中、繰り返しているので、おそらくはどんなに少なくても、年に四百から五百本は消費しているはずです。つまり、一万五千枚とか二万枚、あるいはそれ以上の写真を撮っているということになります。それを、ずっと、二十年以上、続けてきました。

そんな長年の取材の旅で撮り続けた、とんでもない量の写真を、この本を作るために、全部、ひっくり返して見ました。この一年ほどの間、たまに取材ということで逃げ出したりもしましたけれど、ほとんど、仕事場と出版社の福音館書店にこもりっきりで、写真を眺めては、どれを選ぶか、どのような構成にするかと格闘していました。そうして、できあがったのが、この本です。

食べものの写真を見続けていたので、それだけでお腹がすいたり、逆にそれだけでお腹いっぱいの気分になったりして困ったものでした。

それにしても、これだけの旅ができたのも、多くの出版社、企業、大使館、政府観光局等々の皆様のおかげです。また、温かく迎えてくれた多くの国々の人たちのおかげです。とても列挙することはできませんが、この場を借りて、皆様にお礼を申し上げたいと思います。

さて、次はどこに何を食べに行きましょう。また、カメラが先に食べてしまう旅になるのでしょうけれど……。

森枝卓士

■著者紹介

森枝卓士（もりえだ たかし）

1955年熊本県に生まれる。高校生の頃、アメリカ人の写真家、ユージン・スミスと出会い、写真家を志す。国際基督教大学で文化人類学を学び、以後、アジアをはじめ、世界各地を歩き、写真、文章を新聞、雑誌に発表。札幌大学などで食文化論を講じる。
食に関わる主な著書に、『食は東南アジアにあり』（弘文堂、ちくま文庫）、『カレーライスと日本人』、『アジア菜食紀行』（講談社現代新書）、『味覚の探求』（河出書房新社、中公文庫）、『日本食紀』（中央公論社）、『ヨーロッパ民族食図鑑』、『世界お菓子紀行』（ちくま文庫）、『カレーライスがやってきた』（福音館書店）などがある。

食べもの記 森枝卓士　NDC596 208P 31×23cm

発行日　2001年3月31日　初版第1刷
　　　　2019年9月10日　　第8刷
著　者　森枝卓士
発行所　株式会社 福音館書店　東京都文京区本駒込6-6-3　〒113-8686
　　　　電話　営業(03)3942-1226　編集(03)3942-6011
　　　　https://www.fukuinkan.co.jp/
印刷所　NISSHA
製本所　積信堂
デザイン　森枝雄司　基本フォーマット　遠藤勁
ISBN4-8340-1740-0

EATING ON EARTH

Published by Fukuinkan Shoten Publishers, Inc., Tokyo
Printed in Japan

米
肉
麦
果物
麺
魚
野菜
保存食
香